Tanja Faseler und Reinhild Harling

Kinder entdecken Niki de Saint Phalle

9783834437853

Die kunterbunte Fundgrube
für den Kunstunterricht

Tanja Faseler: Studium des Lehramtes für Primarstufe in Dortmund
Reinhild Harling: Studium des Lehramtes für Primarstufe in Münster
Beide sind erfahrene Grundschullehrerinnen und in der Lehrerfortbildung im Bereich Kunst in der Primarstufe tätig.

8. Auflage 2026

AAP Lehrerwelt GmbH
Veritaskai 3
21079 Hamburg
Telefon: +49 (0) 40325083-040
E-Mail: info@lehrerwelt.de
Geschäftsführung: Andrea Fischer, Sandra Saghbazarian
USt-ID: DE 173 77 61 42
Register: AG Hamburg HRB/126335

Autorschaft:	Tanja Faseler, Reinhild Harling
Covergestaltung:	TSA&B Werbeagentur GmbH, Hamburg
Satz:	Satzpunkt Ursula Ewert GmbH, Bayreuth
Druck und Bindung:	Esser printSolutions GmbH, Bretten

ISBN/Bestellnummer: 978-3-8344-3785-3
www.persen.de

Inhalt

Vorwort

Niki de Saint Phalle ist eine der größten Künstlerinnen des 20. Jahrhunderts, deren Werke an vielen Orten der Welt zu bewundern sind. Weltbekannt wurde die Künstlerin durch ihre Nanas, ihr Schaffen ging jedoch weit über diese fröhlichen Figuren hinaus, sodass sich für den Kunstunterricht in der Grundschule vielfältige Gestaltungsmöglichkeiten bieten.

Das vorliegende Werk enthält neben zahlreichen Unterrichtsvorschlägen ein Künstler-Leporello, das den Kindern einen Einblick in die Vielfalt der Arbeit Niki de Saint Phalles ermöglicht. Einzelne Schaffensperioden ihres Werkes können darin in Form kleiner Gestaltungsaufträge nachempfunden werden, sodass die Kinder ein eigenes kleines Buch über die Künstlerin erstellen, das zur weiteren Auseinandersetzung anregt.

Das Leporello behandelt Arbeiten der Künstlerin in chronologischer Reihenfolge; die folgenden Unterrichtsbausteine hingegen sind unabhängig voneinander einsetzbar und bieten eine Vielzahl an Anregungen zur intensiven Auseinandersetzung mit jeweils einem Kunstwerk Niki de Saint Phalles.

Diese Unterrichtsvorschläge wurden zur Umsetzung im 3. und 4. Schuljahr konzipiert. Sie enthalten kreative Gestaltungsaufgaben aus den Bereichen *Plastisches, Farbiges und Grafisches Gestalten* sowie methodisch-didaktische Hilfestellungen zum Einsatz im Unterricht. Die Bausteine können wie beschrieben durchgeführt werden, aber auch als Anregung zur Entwicklung eigener Unterrichtsvorhaben dienen. Alle Vorschläge haben sich in der Grundschulpraxis bewährt und fanden auch im Bereich der Lehrerfortbildung großes Interesse.

Während der Erprobung der Ideen im eigenen Kunstunterricht konnten wir immer wieder die Erfahrung machen, dass die Kinder von den Werken Niki de Saint Phalles in besonderer Weise angesprochen wurden; viele ihrer Arbeiten beeindrucken durch ihre fröhliche Farbigkeit und wecken schnell das Interesse der Kinder, selbst kreativ tätig zu werden. Die Vorschläge enthalten auch ungewöhnliche Ideen und Arbeitstechniken, die den Kindern viel Freude bereiteten, den Kunstunterricht beleben und die Erfahrungs- und Erlebniswelt der Kinder bereichern können.

„Ich liebe das Runde,
ich liebe das Runde, die Kurven, die Wellen.
Die Welt ist rund, die Welt ist eine Brust.
Rechte Winkel mag ich nicht.
Rechte Winkel machen mir Angst.
Der rechte Winkel will mich umbringen.
Der rechte Winkel ist ein Messer.
Der rechte Winkel ist die Hölle.
Symmetrie mag ich nicht.
Ich mag das Unvollkommene.
Meine Kreise sind nie ganz rund.
Ich will es so.
Perfektion ist kalt.
Das Unvollkommene gibt Leben.
Ich liebe das Leben."

(Niki de Saint Phalle)

1 Begegnung mit Kunstwerken

1.1 Niki de Saint Phalle

1930 wird Niki de Saint Phalle unter dem Namen Catherine Marie-Agnès Fal de Saint Phalle als zweites von fünf Kindern in der Nähe von Paris geboren. Vater ist der Bankier André Marie de Saint Phalle, die Mutter Jeanne Jacqueline, geb. Harper.
Catherine Marie-Agnès verbringt die ersten Lebensjahre zusammen mit ihrem Bruder bei den Großeltern in Frankreich, während die Eltern nach Amerika gehen.

1933 nehmen die Eltern ihre Kinder zu sich nach Amerika.

1937 wird Catherine Marie-Agnès „Niki" genannt. In den folgenden Jahren besucht sie verschiedene Schulen in Amerika. Sie gilt dort als schwieriges Kind, da sie sich immer wieder gegenüber Autoritäten auflehnt.

1947 beschließt sie ihre Schullaufbahn mit dem Abitur.

1948 beginnt ihre Arbeit als Fotomodell für Vogue, Harper's Bazaar und Life Magazine.
Niki heiratet Harry Mathews. Sie beginnt zu malen, während ihr Mann Musik studiert.

1951 wird ihre Tochter Laura geboren.

1952 zieht die Familie nach Paris, und Niki besucht dort eine Schauspielschule.

1953 erleidet Niki einen schweren Nervenzusammenbruch, das Malen hilft ihr über die Krise hinweg. Sie beschließt Künstlerin zu werden.

1955 wird der Sohn Philip geboren.
Niki Mathews arbeitet in den folgenden Jahren in ihrem eigenen autodidaktischen Stil und bildet sich durch den Besuch vieler Museen fort. In dieser Zeit entsteht eine Reihe von Ölbildern. Sie lernt verschiedene Künstler kennen, insbesondere auch die schweizerischen Künstler Jean Tinguely und seine Frau Eva Aeppli.

1960 lässt sich Niki Mathews von ihrem Mann scheiden und verlässt die Familie.
Sie richtet sich ihr erstes Atelier ein und arbeitet von jetzt an unter dem Namen Niki de Saint Phalle. Sie gestaltet Assemblagen in Gips und experimentiert mit verschiedenen Materialien. Ende des Jahres beginnt Niki de Saint Phalle die Lebens- und Arbeitsgemeinschaft mit Jean Tinguely. Obwohl ihre Liebesbeziehung nur einige Jahre besteht, inspirieren sich die Künstler gegenseitig bis zum Tode Jean Tinguelys im Jahr 1991.

1961 nimmt Niki de Saint Phalle an Ausstellungen der Künstlergruppe „Nouveaux Réalistes" teil, deren Mitglied sie später wird. Ihr Werk „Portrait of my Lover" entsteht und wird in Paris ausgestellt.
In den Jahren 1961 und 1962 organisiert sie mehrere Schießaktionen. Für diese Aktionen werden verschiedene Objekte und Farbbeutel auf Flächen montiert und mit Gips überzogen. Auf die so präparierten Reliefs wird geschossen. Dabei ergießt sich der Inhalt der Farbbeutel über das Relief. Das so entstandene Bild wird „tir" genannt (frz. „der Schuss...").

1962 erstellt Niki de Saint Phalle Altar- und Kathedral-Assemblagen. Sie unterstützt Jean Tinguely bei einem Happening in der Wüste von Nevada.

1963 findet eine große Schießaktion auf das Werk „King Kong" in Los Angeles statt.
In der folgenden Zeit setzt sich Niki de Saint Phalle mit verschiedenen Rollen der Frau auseinander; ihre Objekte sind gebärende, verschlingende Mütter, Hexen und Huren.

1965 entstehen erste Nanas, Skulpturen voluminöser Frauen voller Lebenslust.

1966 baut Niki de Saint Phalle gemeinsam mit Tinguely und Ultvedt die monumentale Nana „Hon“ (sie) für die Eingangshalle des *Moderna Museet* in Stockholm. Hon ist eine begehbare Skulptur, eine liegende Nana von 28 m Länge, 9 m Breite und 6 m Höhe.

1967 findet eine Retrospektive in Amsterdam statt. Dafür wurde ein erstes Nana-Traumhaus und ein erster Nana-Brunnen aus Polyester erstellt. Im Auftrag der Regierung gestalten Niki und Jean den französischen Pavillon für die Expo in Montreal mit dem Werk „Paradis Fantastique“.

1968 schreibt Niki de Saint Phalle in Zusammenarbeit mit Rainer von Diez das Theaterstück „Ich“; sie entwickelt die Kostüme und Dekorationen.
In den folgenden Jahren realisiert Niki de Saint Phalle ihr erstes Architekturprojekt, drei bewohnbare Skulpturenhäuser.
Es entstehen zahlreiche Nanas, die an vielen Orten, auch im öffentlichen Raum, ausgestellt werden.

1971 heiratet Niki Jean Tinguely.

1972 baut sie für einen Kinderspielplatz in Jerusalem gemeinsam mit Jean Tinguely „Golem“, ein Monster-Haus mit drei Rutschbahnen. Es entstehen Idee und Buch zu ihrem Film „Daddy“, bei dem sie Regie führt.

1973 gestaltet Niki de Saint Phalle ein bewohnbares Spielhaus im belgischen Knokke „Der Drache“.

1974 kommt es infolge des jahrelangen Umgangs mit Polyester zu einer schweren Lungenerkrankung. Während die Künstlerin sich in Sankt Moritz erholt, trifft sie eine alte Freundin, deren Familie ihr bei der Verwirklichung ihres Traumes von einem Skulpturengarten hilft. Sie stellen ihr Land in der Toskana zur Verfügung.

1975 entsteht unter Beteiligung vieler Künstler der Film „Camélia et le Dragon“.

1979 beginnt Niki de Saint Phalle gemeinsam mit Jean Tinguely mit der Arbeit am Skulpturengarten, dem Tarot-Garten (Il Giardino dei Tarocchi Garavicchio) in der Toskana, an dem sie bis zu ihrem Tod 2002 arbeitet.

1980 erfindet Niki de Saint Phalle neue Skulpturen, die Skinnies.

1982 kreiert sie zur Finanzierung des Tarot-Gartens ein Parfum.

1983 baut Niki de Saint Phalle gemeinsam mit Jean Tinguely den Strawinsky-Brunnen vor dem Centre Pompidou in Paris. In der folgenden Zeit entstehen Großplastiken wie „Sun God“ in San Diego.

1986 schreibt und illustriert Niki das Buch zur Aids-Aufklärung “You can’t catch it holding hands“, das in fünf Sprachen übersetzt wird.

1989 werden in der Ausstellung „Stabilisations“ in Paris farbige Werke der Künstlerin gezeigt, die auf beweglichen Fundamenten von Tinguely montiert sind.

1991 stirbt Jean Tinguely in Bern. Niki de Saint Phalle konstruiert ihre erste bewegliche Skulptur, die sie „Meta-Tinguely“ nennt. Im Laufe der Zeit entstehen noch zahlreiche kinetische Objekte, die sogenannten „tableaux eclatés“.

1994 zieht die gesundheitlich stark angeschlagene Niki de Saint Phalle wegen des Klimas nach San Diego und kann dort ihr künstlerisches Schaffen fortsetzen.

2000 organisiert die Stadt Hannover die große Ausstellung „La Fête“. Im gleichen Jahr unterzeichnet Niki de Saint Phalle den Vertrag zur Ausgestaltung der Grotte in den Herrenhäuser Gärten in Hannover. Sie wurde nach Anweisungen der Künstlerin 2003 fertiggestellt.

2002 stirbt Niki de Saint Phalle am 21. Mai in San Diego.

1.1 Niki de Saint Phalle – Kunst als Lebenselexier

Niki de Saint Phalle zählt zu den bedeutendsten Künstlerinnen des 20. Jh. Ihr Werk war zeitlebens emotionalen Ursprungs. Sie besuchte keine Kunstschule, entwickelte ihren eigenen autodidaktischen Stil und bildete sich durch den Besuch von Kirchen und Museen und in der Auseinandersetzung mit anderen Künstlern fort. Niki de Saint Phalles Kunst entstand immer aus ihrem Gefühl heraus: Ihr künstlerischer Werdegang begann in einer schweren psychischen Krise, die sie durch das Malen bewältigte. In den 60er-Jahren schoss die Künstlerin auf Gipsassemblagen. Farbbeutel zerplatzten, Farbe strömte über die weiße Fläche – in ihren Werken dominierte Wut und Zerstörung, während gleichzeitig Kunst neu entstand. Die Schießaktionen stellten für Niki de Saint Phalle einen Akt der Befreiung dar. Sie schoss gegen Männer, gegen ihren Vater. In der Auseinandersetzung mit verschiedenen Frauenrollen, bei der Gestaltung von alles verschlingenden Müttern, Hexen und Huren wurde die Wut begleitet von Schmerz. Mitte der 60er-Jahre lösten die „Nanas" den Schmerz ab und drückten ein positives Lebensgefühl aus. Niki de Saint Phalle gelang es, mit diesen voluminösen Frauenfiguren ein besonders weibliches Bild der Frau zu schaffen: heiter, fröhlich und voller Energie. Weiche gerundete Formen und klare Farben bestimmten von nun an ihr Werk. Die Kunst war für Niki de Saint Phalle Lebenselexier. Auch in den 70er-Jahren bewältigte sie noch einmal eine schwere persönliche und gesundheitliche Krise. Durch die Arbeit mit Polyester war ihre Lunge so stark geschädigt, dass Ärzte ihr prophezeiten, das 50. Lebensjahr nicht zu erreichen. Trotz dieser schweren Zeit und starker Depressionen fand Niki de Saint Phalle zu ihrer Arbeit zurück und gewann neue Energie durch die Erfüllung eines lang gehegten Traums – dem Bau eines mythologischen Skulpturengartens. Der Tarot-Garten wurde ihr größtes Werk, an dem sie über 20 Jahre gearbeitet hat. Zeitgleich gelang es ihr, noch zahlreiche künstlerische Projekte zu verwirklichen, die weltweit beachtet wurden. Bis an ihr Lebensende im Jahre 2002 blieb Niki de Saint Phalle die Freude an der künstlerischen Arbeit erhalten. Sie starb im Alter von 71 Jahren.

1.2 Didaktisch-methodischer Kommentar

Niki de Saint Phalle im Unterricht der Grundschule

Viele Kunstwerke Niki de Saint Phalles sprechen Grundschulkinder in besonderer Weise an und motivieren sie, selbst kreativ tätig zu werden: Lernen die Kinder Werke der Künstlerin kennen, begegnen ihnen fröhlich bunte Fantasiefiguren, Schlangen, Drachen, einfache Formen wie Herzen, Blumen, Sonne, Mond und Sterne – Motive, die aus der Lebenswirklichkeit der Kinder stammen und aufgrund des autodidaktischen Stils der Künstlerin in ihrer Darstellung eine Einfachheit aufweisen, wie auch Kinder sie bildnerisch umsetzen könnten. Beeindruckend sind auch die monumentale Größe vieler Skulpturen Niki de Saint Phalles und die fröhliche Wirkung der Objekte durch die Verwendung klarer Farben, verspielter Muster und Ornamente. Da Niki de Saint Phalle mit ihrer Kunst auch Erfahrungen und Erlebnisse verarbeitet hat, die thematisch schwierige, teils aggressiv wirkende Werke hervorbrachten, wurde hier eine sorgfältige Auswahl und Zensur getroffen.

Kreative Gestaltungsprozesse

Aufgabe des Kunstunterrichtes in der Grundschule ist es, die Kreativität und Fantasie der Kinder anzuregen und weiterzuentwickeln. Die Auseinandersetzung mit der Künstlerin Niki de Saint Phalle erfolgt demnach nicht passiv, sondern in aktiven und kreativen Gestaltungsprozessen der Kinder. In der Auseinandersetzung mit einem bestimmten Werk der Künstlerin lernen die Schülerinnen und Schüler bildnerische Handlungsmöglichkeiten kennen und entwickeln eigene Ideen, die sie mit entsprechenden bildnerischen Mitteln ausdrücken. Die Unterrichtsbausteine dieses Werkes ermöglichen dabei, in ganz unterschiedlichen Gestaltungsbereichen des Kunstunterrichts zu arbeiten: So **bauen und plastizieren** die Kinder beispielsweise bei der Arbeit mit Pappmaschee; sie arbeiten im **grafischen Bereich**, wenn sie mit Schrift gestalten und Collagen erstellen; das **farbige Gestalten** wiederum ist ein Aspekt, der in fast allen Unterrichtsreihen aufgrund der besonderen Farbigkeit der Werke Niki de Saint Phalles eine Rolle spielt. Der Bezug zu ihrer Arbeit wird in jedem Unterrichtsvorschlag durch eines ihrer Werke geschaffen, das mit seinen Gestaltungskriterien die Grundlage für die praktische Arbeit der Kinder bildet: Beim Modellieren eines Fantasiegartens empfinden die Kinder so die runden, weichen Formen nach, die Niki de Saint Phalles Skulpturen prägen; bewegte Bilder hingegen entstehen in Anlehnung an die benutzte Technik der Künstlerin, während sich die Schülerinnen und Schüler bei der Erstellung eines Wandreliefs besonders intensiv mit den Motiven Niki de Saint Phalles beschäftigen. Trotz intensiver Auseinandersetzung und Erprobung der Farb- und Formensprache der Künstlerin bleibt in allen Unterrichtsbausteinen genügend Raum für die Kreativität und Fantasie der Kinder bei der Umsetzung ihrer Ideen.

Förderung der Wahrnehmungsfähigkeit

In den einzelnen Unterrichtsvorschlägen erschließen sich die Schülerinnen und Schüler die Kunstwerke Niki de Saint Phalles über verschiedene Zugangsweisen, z.B. über eine Gedankenreise durch einen Skulpturengarten, über den Titel eines Werkes, der Vermutungen weckt oder über detaillierte Bildbetrachtungen. Impulse, Geschichten und Sehaufträge regen sie dabei an, genauer hinzuschauen, detailliert zu betrachten, auch emotional zu sehen, so dass ihr Vorstellungsvermögen entfaltet und ihre Wahrnehmungsfähigkeit gefördert wird. Dieser Prozess setzt sich fort in der jeweiligen Gestaltungsphase, der weiteren Auseinandersetzung mit dem Kunstwerk durch das eigene kreative Tun und den sinnlichen Erfahrungen beim Umgang mit verschiedenen Materialien. „Die Schülerinnen und Schüler entwickeln ihre Wahrnehmung auf eine ganzheitliche Weise, indem sie sowohl erkennen, begreifen und verstehen als auch fühlen und empfinden (…).“[1]

1 Lehrplan Kunst NRW 2003, S. 113

Das Künstlerleporello – erste Begegnung mit Niki de Saint Phalle

Den meisten Kindern ist Niki de Saint Phalle noch nicht bekannt, einige kennen jedoch die typischen Nanas, weil sie ihnen im Alltag, zum Beispiel als Werbung oder Dekoration begegnet sind. Das künstlerische Schaffen Niki de Saint Phalles geht jedoch weit über die allseits bekannten Nanas hinaus, sodass auch die Kinder einen umfassenderen Einblick in das Werk erhalten sollten. Da es eng mit der Lebensgeschichte der Künstlerin verknüpft ist, bietet es sich an, den Einstieg in die Thematik über die Biografie zu wählen. Zu diesem Zweck wurde das Künstlerleporello (vgl. Punkt 1.3) entwickelt, das sowohl während der Erarbeitung des Lebenslaufes als auch im Anschluss daran bearbeitet werden kann.

Das Künstlerleporello bietet den Kindern einen kurzen, kindgerechten Lebenslauf sowie acht Mini-Gestaltungsaufträge zu wichtigen Schaffensperioden aus dem Leben der Künstlerin:

- Die ersten Bilder der Künstlerin
- Aggressive Schießbilder
- Fröhlich bunte Nanas
- Bewegliche Objekte (in Zusammenarbeit mit Jean Tinguely)
- Skinnies (licht- und luftdurchlässige Skulpturen)
- Spielhäuser/Architekturprojekte (Werke monumentaler Größe)
- Die Grotte (eines ihrer letzten Werke)
- Zusammenfassung der wichtigsten Gestaltungsmerkmale

Die kleinen Arbeitsaufträge unterstützen und beleben die Arbeit an der KünstlerBiografie. Das Leporello kann so zum bunten Erinnerungsstück an Niki de Saint Phalle werden, während die Gestaltungen helfen können, die Werke der Künstlerin ins Gedächtnis zu rufen.

Arbeit mit den Unterrichtsbausteinen

Die einzelnen Unterrichtsbausteine (vgl. Punkt 2) sind als unabhängige Unterrichtsreihen zu verstehen, die mit der Arbeit am Leporello kombiniert aber auch separat durchgeführt werden können. In den Bausteinen werden viele Bereiche des Lehrplans abgedeckt, sodass die Arbeit zur Künstlerin auch über einen längeren Zeitraum möglich ist, wenn mehrere Unterrichtsbausteine miteinander verknüpft werden.

In jedem Kapitel wird ein Kunstwerk Niki de Saint Phalles in den Mittelpunkt der Unterrichtsreihe gestellt. Unter dem Punkt „Thema und Intention“ erfolgen zunächst detaillierte Informationen zum Werk, eine Einordnung in die Biografie der Künstlerin sowie erste methodisch-didaktische Hinweise zur Umsetzung im Unterricht. Zur intensiven Auseinandersetzung mit dem Werk werden anschließend Impulse zur Bildbetrachtung bzw. zum Einstieg in die Thematik gegeben. Die vorab aufgeführten Materialhinweise sowie die zeitliche Strukturierung helfen bei der Vorbereitung und Planung des eigenen Unterrichts ebenso wie die ausführlichen Hinweise zur Durchführung. Da alle Unterrichtsreihen mit Grundschulkindern erprobt wurden, enthalten sie zahlreiche Tipps und praktische Anregungen für den eigenen Unterricht. Während der Durchführung der Unterrichtsreihen sind immer wieder Zwischenreflexionen und Abschlussgespräche notwendig, die sich individuell aus der Arbeit der Kinder ergeben und nicht explizit beschrieben werden.

Die einzelnen Unterrichtsbausteine berücksichtigen die Arbeit in verschiedenen Sozialformen. Während manche Vorhaben besser in Partner- oder Gruppenarbeit durchführbar sind, lassen andere Gestaltungsphasen Wahlmöglichkeiten offen. Durch die gemeinsame Arbeit an einem Kunstobjekt üben sich die Kinder im sozialen Miteinander: Teamarbeit an einem Kunstwerk verlangt eine stetige Verständigung über ästhetische Prozesse und Produkte und erweitert die Wahrnehmungsfähigkeit der Kinder, indem sie Gestaltungsabsichten und -produkte von Gruppenmitgliedern verstehen, betrachten und reflektieren und damit neue Sicht- und Denkweisen kennenlernen. Auch bei der Leistungsbeurteilung im Kunstunterricht müssen diese Komponenten einbezogen werden. Kriterien zur Beurteilung stellen u. a. die vereinbarten Gestaltungshinweise und deren Umsetzung dar; es sollte aber nicht das Ergebnis, sondern vielmehr der Gestaltungsprozess im Mittelpunkt der Beurteilung stehen.

1.3 Arbeit mit dem Künstler-Leporello

Das als Kopiervorlage beigefügte Künstler-Leporello bietet den Kindern (wie unter Punkt 1.2 näher beschrieben) einen kurzen, kindgerechten Lebenslauf sowie acht Mini-Gestaltungsaufträge zu wichtigen Schaffensperioden aus dem Leben der Künstlerin. Die folgende Übersicht dient der Lehrkraft dazu, die Arbeit am Leporello und damit an der Biografie der Künstlerin zu vereinfachen, indem mögliche Bildvorlagen zur Betrachtung, notwendige Materialien und kurze Informationen zur Schaffensperiode der Künstlerin angegeben werden.

Leporello S. 3: Erste Bilder Niki de Saint Phalles

- Kunstwerk: Niki de Saint Phalle: The Animals Kings Of The City, 1956–1958
- Material: schwarzes Tonpapier (ca. DIN-A6), bunte Kreide (in Zuckerwasser eingelegt)
- Kurzinfo: Die ersten Bilder malt Niki de Saint Phalle in den Jahren 1953–1958 mit Ölfarben auf Leinwand. In ihren Bildern finden sich schon in dieser Zeit Motive, die ihr späteres Werk prägen: Frauengestalten, Himmelskörper, Tiere, Drachen, Schlösser und Gärten. Häufig stellte sie Landschaften zwischen schwarzem Himmel und Erde dar. Die Kompositionen entstanden Stück für Stück wie ein Puzzle, während die Perspektive weitgehend außer Acht gelassen wurde. (Vgl. auch Punkt 2.1)

Leporello S. 4: Schießbilder

- Material: Wasserfarbe, Pinsel, Strohhalme
- Kurzinfo: 1961–1962 organisiert Niki de Saint Phalle erste Schießaktionen, bei denen sie auf präparierte Reliefs schießt. Dafür wurden verschiedene Objekte und Farbbeutel auf eine Fläche montiert und mit Gips überzogen. Die sich ergießende Farbe gestaltet das Bild nach dem Zufallsprinzip.

Leporello S. 5: Nanas

- Kunstwerk: Niki de Saint Phalle: Der Engel mit Drachenkopf und Sonne, 1987
  Niki de Saint Phalle: Black Venus, 1965–1967
- Material: Bunt- oder Filzstifte
- Kurzinfo: 1965 entstehen erste Nanas, Frauenskulpturen voller Lebenslust und Freude mit voluminösen Körpern, kleinen Köpfen und vereinfachten Extremitäten.
  Nanas gestaltete Niki de Saint Phalle bis an ihr Lebensende. Sie sind in klaren, leuchtenden Farben und fröhlichen Mustern bemalt und fast überall auf der Welt bekannt. (Vgl. auch Punkt 2.4)

Leporello S. 6: Bewegte Kunst

- Kunstwerk: Niki de Saint Phalle: Tarot-Garten, 1979–2002
- Material: weißes Tonpapier, Musterklemme, Bunt- oder Filzstifte
- Kurzinfo: Gemeinsam mit dem Künstler Jean Tinguely gelangt Niki de Saint Phalle zur Gestaltung bewegter Objekte. Ein bekanntes Beispiel ist der Strawinsky-Brunnen vor dem Centre Pompidou in Paris. Auch im Tarot-Garten (Toskana) bewegen sich farbenfrohe Skulpturen Niki de Saint Phalles verbunden mit den beweglichen Eisenobjekten Jean Tinguelys.

Leporello S. 7: Spielhäuser

- Kunstwerk: Golem, 1972
- Material: Bunt- oder Filzstifte
- Kurzinfo: Ende der 60er-Jahre realisiert Niki de Saint Phalle ihr erstes Architekturprojekt und baut bewohnbare Skulpturenhäuser. 1972 baut sie für einen Kinderspielplatz in Jerusalem gemeinsam mit Jean Tinguely „Golem“, ein Monsterhaus mit drei Rutschbahnen. Runde, weiche Formen und fröhliche Farben prägen auch hier die Arbeit der Künstlerin. Ihr größtes Architekturprojekt entsteht in der Toskana: An ihrem Tarot-Garten baut sie über 20 Jahre lang.

Leporello S. 8: Skinnies

- Kunstwerk: Die Göttin des Lichts, 1980
- Material: Wollfaden, Klebe
- Kurzinfo: In den 80er-Jahren erfindet Niki de Saint Phalle neue Skulpturen: die dünnen Skinnies. Sie sind licht- und luftdurchlässig gestaltet, aus dünnen, bunten Linienformen, die einem Umriss ähneln. Dargestellt werden Lebewesen, Himmelskörper und mythologische Themen. (Vgl. auch Punkt 2.5)

Leporello S. 9: Grotte

- Kunstwerk: Abb. Blick von der Eingangshalle zum funkelnden Silbernen Saal, 2003
- Material: glänzende Folien, z. B. Verpackungsmüll in kleine Stücke geschnitten, Klebe
- Kurzinfo: Viele Architekturprojekte Niki de Saint Phalles sind ebenso wie die Ausgestaltung des Grottenpavillons in den Herrenhäuser Gärten in Hannover durch ihre Mosaikgestaltung geprägt. In ihr spiegelt sich die Natur, das Licht, die Wolken. Im Grottenpavillon verwandelt die Mosaikgestaltung das Gemäuer in einen Ort des Zaubers. (Vgl. auch Punkt 2.8)

Niki de Saint Phalle

29.10.1930 – 21.05.2002

1

Niki de Saint Phalle wird 1930 in der Nähe von Paris unter dem Namen Catherine Marie-Agnès Fal de Saint Phalle geboren. Niki verbringt die ersten Lebensjahre bei ihren Großeltern.
Nach drei Jahren holen ihre Eltern sie zu sich nach Amerika, wo sie verschiedene Schulen besucht und als schwierige Schülerin auffällt.

Nach dem Abitur arbeitet Niki als Fotomodell und lernt ihren ersten Mann kennen.
Sie bekommen zwei Kinder, Laura und Philip.
Zurück in Paris besucht Niki eine Schauspielschule.
Als sie sehr krank wird und einen Nervenzusammenbruch erleidet, hilft ihr die Malerei wieder neuen Mut zu fassen.

In Paris begegnet Niki de Saint Phalle vielen berühmten Künstlern, besucht Museen und entwickelt ihre eigene Art zu malen.

Während ihrer künstlerischen Tätigkeit entstehen Bilder, Reliefs und riesige Skulpturen. Viele davon schafft sie gemeinsam mit Jean Tinguely, einem berühmten Künstler, der ihr zweiter Mann wird.
An ihrem größten Kunstwerk, dem Tarot-Garten in Italien, arbeitet sie über 20 Jahre lang.

Die großen Nanas und andere Skulpturen baut Niki am liebsten aus Polyester.
Dieses Material führt dazu, dass sie sehr krank wird und nicht mehr in Europa leben kann.
Das angenehme Klima in San Diego (Amerika) hilft ihr, einige Jahre weiterzuleben und bis zu ihrem Tod im Jahre 2002 als Künstlerin zu arbeiten.

2

Klebekante

Niki malte zuerst Bilder mit Ölfarben:
Über bunten Landschaften leuchteten
fantasievolle Gestirne am schwarzen Himmel.

Male mit bunter Zuckerkreide kleine Häuser und
einen Himmelskörper (Sonne, Mond, Sterne)
auf schwarzes Tonpapier und klebe es hier auf!

3

Schießbilder

Niki schoss auf ihre weißen Bilder,
in die sie Farbbeutel eingebaut hatte.
Die Farbe ergoss sich über die weiß bemalten Gegenstände:

Rühre kräftige Farben aus deinem Farbkasten mit viel
Wasser an, und tupfe Klekse in die vorgegebenen Kreise.
Nimm einen Strohhalm und puste die Farbe über das Bild.
So floss auch Nikis Farbe über ihr Bild.

4

Klebekante

Überall in der Welt sind Nikis Nanas bekannt, fröhliche, bunte Frauenkörper voller Lebensfreude.

Bemale die Nana mit leuchtenden, klaren Farben und fröhlichen Mustern.

Bewegte Kunst

Gemeinsam mit Jean Tinguely baute Niki bewegliche Skulpturen für einen Brunnen in Paris. Hier dreht sich eine bunte Schlange:

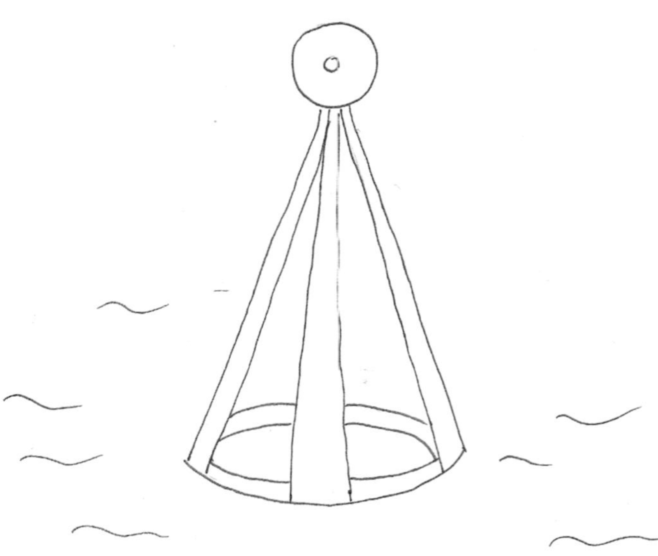

Male eine bunt gemusterte Schlange auf festes Papier, schneide sie aus und befestige sie mit einer Musterklemme auf dem Drahtgerüst.

Klebekante

Nikis riesige, fantasievolle und bunte Spielhäuser,
wie zum Beispiel der Drache Golem,
laden Kinder zum Spielen und Träumen ein.

Zeichne weiter.
Erfinde selbst Spielhäuser,
in denen du gern sein möchtest.

7

Skinnies

Skinnies sind Skulpturen in dünnen, bunten Linienformen, die licht- und luftdurchlässig sind.

Lege eine dünne Figur in Linienformen aus einem Stück Wolle, zum Beispiel ein Lebewesen oder einen Himmelskörper, und klebe sie oben auf.

8

Klebekante

Grotte

Niki verwandelte den Gartenpavillon in einem alten Schlossgarten in Hannover mithilfe von glitzernden Mosaiken zu einem Ort des Zaubers.

Gestalte ein Mini-Mosaik nach deiner Fantasie. Du kannst glänzenden Verpackungsmüll und Folien verwenden.

9

Woran erkenne ich Werke von Niki de Saint Phalle?

Niki liebte runde, weiche Formen, Kurven und Wellen.

Immer wieder erfand sie fantasievolle Gestalten, wie die fröhlichen Nanas, Drachen, Schlangen und Himmelskörper.

Bemalt wurden sie in klaren, leuchtenden Farben sowie in Weiß und Schwarz.

Aus Streifen, Punkten, Blumen und farbigen Flächen entstanden fröhliche Muster, die durch schwarze Linien voneinander abgegrenzt sind.

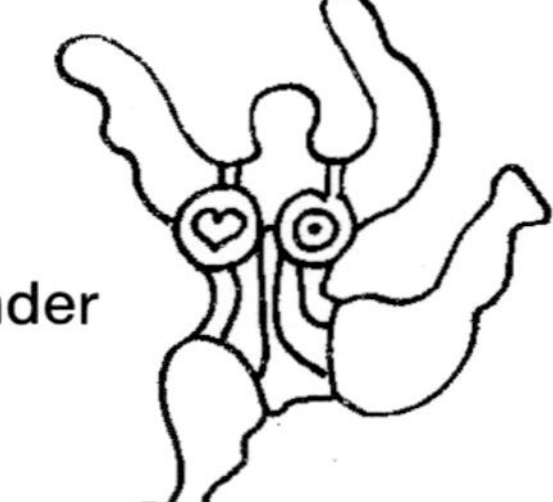

10

Klebekante

2.1 Die Tiere erobern die Stadt

Ein großformatiges Bild malen und komponieren

Vorlage

- Niki de Saint Phalle: The Animals Kings Of The City, 1956–1958

Medien

- Packpapier
- Abtönfarben (Baumarkt)
- Pinsel in verschiedenen Stärken
- Schere
- Klebe

Zeitbedarf – ca. 6 Unterrichtsstunden

Thema und Intention

In dieser Unterrichtsreihe setzen sich die Kinder mit einem Frühwerk Niki de Saint Phalles, dem Gemälde „The Animals Kings Of The City" (Öl auf Leinwand) aus den Jahren 1956–1958 auseinander. Im Unterricht entsteht zu diesem Kunstwerk ein großformatiges Gemeinschaftsbild der Klasse.

Die ersten Werke der Künstlerin, Bilder in Öl auf Leinwand, entstanden in den Jahren 1953 bis 1958, als Niki de Saint Phalle nach einem schweren Nervenzusammenbruch durch die Malerei einen Ausweg aus der Krise fand und beschloss, mit ihrer Kunst an die Öffentlichkeit zu gehen. In ihren Bildern finden sich schon in dieser Zeit Frauengestalten, Himmelskörper, Tiere, Drachen, Schlösser und Gärten; Motive, die auch ihr späteres Werk prägen werden. Das Werk „The Animals Kings Of The City" zeigt – wie einige andere Ölbilder – eine Landschaft zwischen Himmel und Erde. In ihrer Biografie beschreibt Niki de Saint Phalle:

> *„Der Himmel war sehr wichtig und musste schwarz sein. Mir schien es unmöglich, die Erde ohne Himmel zu malen. Sie waren wie zwei unzertrennliche Freundinnen; die eine konnte nicht ohne die andere sein."*[2]

Niki de Saint Phalle entwickelt in ihren Ölbildern ihren eigenen, naiven Malstil. Eine mo-

saikähnliche Wirkung entsteht durch die Art und Weise ihres Bildaufbaus:

> *„Für meine ersten Gemälde stellte ich vorher nie vollständige Entwürfe her. Ich hatte eine Idee und malte ein Detail direkt auf die Leinwand. Ich beendete es aber, bevor ich einen anderen Teil des Bildes in Angriff nahm. Auf diese Weise bemalte ich die gesamte Fläche. (…) Die Kompositionen entstanden einfach Stück für Stück…, fügten sich fast organisch zusammen und irgendwie…, auf wundersame Weise, sollten sie am Ende einen Sinn ergeben."*[3]

In Anlehnung an die Arbeitsweise Niki de Saint Phalles erstellen die Kinder, angeleitet durch den Titel des Bildes, gemeinsam mit der ganzen Klasse Stück für Stück eine Bildkomposition. Sie nähern sich dem Kunstwerk in diesem Fall über das Thema, das im Titel erkennbar ist. Eine Bildbetrachtung erfolgt erst im Laufe der Gestaltung. Zunächst steht der Titel im Vordergrund, von dem eine starke Motivation ausgeht:

„Die Tiere – Könige der Stadt"

2 Niki de Saint Phalle, 2006, S. 50

3 Niki de Saint Phalle, 2006, S. 49

Der Titel fordert Assoziationen heraus, sodass die Kreativität der Kinder angeregt wird. Zusätzlich zum Titel erhalten die Kinder nur wenige Informationen zum Kunstwerk: Auf einem Plakat visualisiert, regt das Zitat der Künstlerin über Himmel und Erde in ihren Bildern (s. o.) zur Diskussion an. Es wirft Fragen auf und erzeugt Spannung bezogen auf das Kunstwerk.

Aufgabe der Kinder ist es, ein Gemeinschaftswerk zu erstellen: Häuser, Plätze, Menschen, Bäume und Tiere werden in Einzelarbeit gemalt und zu einem großformatigen Bild zusammengefügt. Zur gestalterischen Umsetzung bietet sich die Verwendung von Packpapier an. Große Bögen erleichtern die Arbeit und sind kostengünstig erhältlich. Gleichzeitig erzielt das Malen auf braunem Malgrund eine ähnliche Wirkung wie das im Mittelpunkt stehende Kunstwerk Niki de Saint Phalles. Orientiert an ihrer Vorgehensweise, dem direkten Farbauftrag mit Ölfarbe auf Leinwand, malen die Kinder ohne vorzuzeichnen mit Abtönfarbe auf ihrem Malgrund.

Die anschließende gemeinsame Komposition der Einzelarbeiten zu einem Gemeinschaftswerk bildet einen wichtigen Aspekt dieser Unterrichtsreihe. Sie bietet vielfältige Möglichkeiten, den Bildaufbau zu reflektieren und durch das Verändern und Verschieben von Bildelementen unterschiedliche Wirkungsweisen zu erproben.

Schwerpunkte der praktischen Arbeit sind das farbige Gestalten und die Komposition von Bildelementen. Diese Unterrichtsgegenstände sind dem Bereich *Farbiges Gestalten* des Lehrplanes Kunst zuzuordnen.

Ziele

Ziel der Unterrichtsreihe:
Auseinandersetzung mit dem Ölbild Niki de Saint Phalles „The Animals Kings Of The City" (1956–1958) durch die Gestaltung einer gemeinsamen Bildkomposition der Klasse zum Titel/Thema des Bildes

- Entwicklung kreativer Fähigkeiten durch Assoziationen zu einem Thema
- Erweiterung der Erfahrungen mit unterschiedlichen Farben, Malwerkzeugen und Malgründen
- Erprobung unterschiedlicher Wirkungen und Erweiterung der Erfahrungen bezüglich eines Bildaufbaus/einer Komposition

Mögliche Vorgehensweise

Einstieg

Ein Einstieg in die Thematik erfolgt über den Titel des Ölgemäldes Niki de Saint Phalles „Die Tiere, Könige der Stadt", den die Kinder als Impuls erhalten. Nach ersten spontanen Assoziationen wird die Aufmerksamkeit der Kinder auf eine mögliche bildliche Darstellung gelenkt:

> Überlege, was auf einem Bild Niki de Saint Phalles zu sehen sein könnte, das diesen Titel trägt.

Die Kinder sehen das Bild der Künstlerin nicht vor der eigenen Gestaltungsphase, erhalten jedoch weitere Informationen zum Werk:

1. Sie erfahren, dass die Künstlerin in ihren frühen Ölgemälden Himmel und Erde als unverzichtbare Bestandteile ansah:

   Plakat/Tafelbild:

   > „Der Himmel war sehr wichtig und musste schwarz sein. Mir schien es unmöglich, die Erde ohne Himmel zu malen. Sie waren wie zwei unzertrennliche Freundinnen; die eine konnte nicht ohne die andere sein."[4]

   Das Zitat beschreibt Grundzüge des Bildaufbaus und regt dazu an, Vermutungen bzgl. der ungewöhnlichen Farbe des Himmels anzustellen – ein prägendes Gestaltungsmerkmal der frühen Ölgemälde.

2. Die Lehrkraft erzählt den Kindern von der Arbeitsweise der Künstlerin bei der Erstellung ihrer Ölgemälde: Niki de Saint Phalle malte ihr Bild Stück für Stück. Mal arbeitete sie an der einen Stelle der Leinwand und malte ein Detail, mal an einer anderen Stelle. Erst am Schluss ergab sich so ein Gesamtkunstwerk.

4 Niki de Saint Phalle, 2006, S. 50

Gemeinsame Planung

In einem Kreisgespräch erhalten die Kinder die Aufgabe, ein großes, gemeinsames Bild zu gestalten, das den gleichen Titel trägt wie das Kunstwerk Niki de Saint Phalles: „Die Tiere, Könige der Stadt".

Aus der Beschreibung der Arbeitsweise Niki de Saint Phalles ergibt sich für die gemeinsame Aufgabe die Möglichkeit, die Bildelemente in Einzelarbeit anzufertigen und in einem Gesamtwerk zusammenzufügen. Das Format dieses Gemeinschaftswerkes wird den Kindern zur Verdeutlichung vorgestellt (vorbereitetes Packpapier, z.B. im Format 2 m × 1,50 m).

Die Kinder überlegen nun gemeinsam, welche Bildelemente das Gesamtwerk enthalten muss, das den o.g. Titel trägt. Aus diesen Überlegungen kann sich folgender Ablauf der Arbeitsphasen ergeben, der auf einem Plakat die Unterrichtsreihe visualisiert:

Plakat:

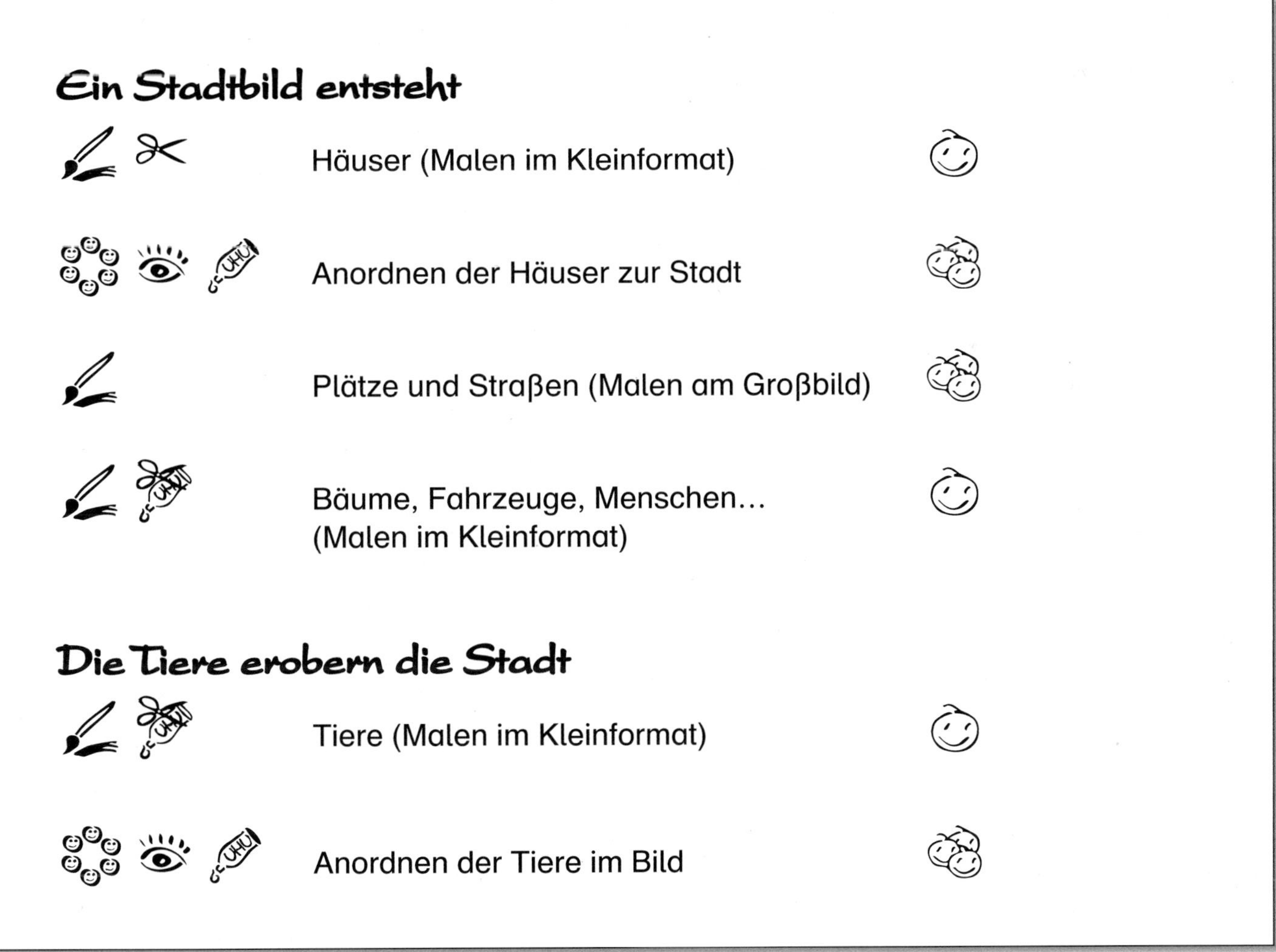

1. Arbeitsphase

Zunächst haben die Kinder die Aufgabe, ein Stadtbild zu erstellen. Beim Malen der Häuser mit Abtönfarbe auf Packpapier sollte auf eine formatfüllende Gestaltung hingewiesen werden (DIN-A4-Format).

Falls die Kinder noch keine Vorerfahrungen im direkten Malen mit Pinsel und Dispersionsfarbe haben, sollte eine Versuchsphase eingeplant werden, um den Umgang mit dem Material zu erproben. Nach dem Trocknen schneiden die Kinder ihre Häuser aus.

Im Halbkreis treffen sich die Kinder vor dem großformatigen Packpapier und ordnen ihre Häuser darauf an. Bei der Anordnung, beim Verändern und Verschieben der Bildelemente können sich vielfältige Fragestellungen bezüglich des Bildaufbaus ergeben, z. B.

- Welche Wirkung hat eine lineare Anordnung der Häuser auf den Betrachter?
- Welche Wirkung entsteht, wenn Bildelemente ihren ganz eigenen Platz erhalten?
- Wie können wir durch eine bestimmte Anordnung von Bildteilen Perspektive schaffen?
- Welche Gestaltungsmöglichkeiten ergeben sich aus freien Plätzen und Flächen?

Im gemeinsamen Gespräch werden unterschiedliche Anordnungsweisen erprobt und Wirkungen deutlich gemacht, um zu einem zufriedenstellenden Gesamtergebnis zu gelangen.

2. Arbeitsphase

Diese Gestaltungsphase erfolgt arbeitsteilig. Wahlweise malen die Kinder direkt an dem großformatigen Stadtbild und ergänzen es durch Straßen, Parks, Plätze und Himmel. Andere Schülerinnen und Schüler gestalten in Einzelarbeit ergänzende Bildelemente wie Bäume, Autos, Menschen etc., die anschließend im Bild angeordnet werden.

Erste Bildbetrachtung: Niki de Saint Phalle: The Animals Kings Of The City

Nach spontanen Äußerungen der Kinder stehen die Tiere im Mittelpunkt der Bildbetrachtung. Die Kinder entdecken, welche Tiere Niki de Saint Phalle gemalt hat und wie sie im Bild angeordnet sind. Dabei wird deutlich, dass die Tiere überall im Bild platziert sind. So befindet sich z. B. ein Nashorn auf einem Häuserdach. Die Tiere erscheinen wie nachträglich ins Bild gesetzt, als würden sie die Stadt beherrschen, was sich im Titel des Bildes bestätigt.

Ein weiterer Schwerpunkt der Bildbetrachtung gilt dem dominanten Himmelskörper, auf dessen fantasievolle Ausgestaltung in Farbe, Form und Muster besonders eingegangen wird.

3. Arbeitsphase

Aus der Bildbetrachtung ergibt sich die letzte Gestaltungsphase: Während sich einige Kinder mit der Gestaltung der Tiere beschäftigen (Malen auf Packpapier DIN-A5), arbeiten andere Kinder an den Himmelskörpern. Durch eine besondere Farbwahl und dem Malen auf weißem Grund können sie dabei eine hohe Leuchtkraft erzielen.

Zweite Bildbetrachtung

Nachdem Tiere und Himmelskörper in das Bild eingefügt wurden, erfolgt die zweite Bildbetrachtung. Die Kinder schauen sich zunächst ihre eigene Gesamtkomposition an und entdecken und würdigen einzelne Bildteile. Anschließend wird das Bild Niki de Saint Phalles hinzugezogen. Über spontane Äußerungen hinaus können zusätzliche Impulse die Bildbetrachtung intensivieren und das Bewusstsein der Kinder auf die verschiedenen Perspektiven im Bild lenken:

- Beschreibe Unterschiede und Gemeinsamkeiten in den Städten.
- Vergleiche die Bilder mit einem Stadtplan. Beachte die Darstellung der Straßen und Häuser.
- Betrachte die Autos. Was fällt dir auf?

Die Auseinandersetzung mit dem Thema *Perspektive* erscheint für diese Altersstufe recht anspruchsvoll. Dennoch kann hier durch die bewusste Wahrnehmung unterschiedlicher Ansichten eine erste Annäherung erfolgen.

Präsentation

Wird das Gemeinschaftswerk ausgestellt, weckt es schnell das Interesse des Betrachters. Es verlockt zum genauen Hinsehen und zur Betrachtung von Details. Daraus ergeben sich viele Gesprächsanlässe.

Niki de Saint Phalle: The Animals Kings Of The City, ca.1956–1958

2.2 Spaß mit Dingen

Eine Gipsassemblage aus Fundstücken

Vorlage

- Niki de Saint Phalle: Gipsassemblage Broken Plates, ca. 1958

Medien

- 3–4 Beutel Modelliergips (je 2,5 kg)
- 4–5 Gipsbecher (1 Becher pro Gruppentisch)
- 4–5 Löffel und Gabeln (o. Ä.)
- Deckel eines Schuhkartons
- gesammelte Objekte

Zeitbedarf – ca. 5–6 Unterrichtsstunden (zzgl. Vorlaufzeit zum Sammeln)

Thema und Intention

Dinge erzählen uns Geschichten – ausgehend von der o. g. Gipsassemblage Niki de Saint Phalles (siehe Vorlage) gestalten die Kinder in dieser Unterrichtsreihe eine eigene Assemblage mit Alltagsdingen und Sammelstücken.

> **Assemblage** (frz. Zusammensetzung, Zusammenfügung), in der bild. Kunst dreidimensionale Werke, die als Objektkunst gebildet werden.[5]
>
> **Objektkunst** (...) entstanden aus dem Wunsch, rein abstrakte Kunst zu überwinden, indem (...) Gegenstände alltäglichen Gebrauchs von ihrem Zweck gelöst und als Assemblage zum Kunstwerke werden; (...) der Kunstakt liegt darin, dass er „vom Finden zum Erfinden überleitet" (Hofmann) (...).[6]

Die Gipsassemblage Niki de Saint Phalles entstand im Jahr 1958. Die Künstlerin ordnete verschiedene Objekte, z. B. Geschirrteile, Puzzlestücke etc., in Gips auf Holz an. In der Literatur finden sich nur wenige Angaben zu diesem Werk. Die Künstlerin selbst beschreibt diese Art der Arbeit in ihrer Biografie als „Having fun with objekts". Dieser Gedanke ist auch in dem folgenden Unterrichtsvorhaben wörtlich zu nehmen: Die Kinder haben Freude am Umgang mit ihren Sammelobjekten.

Am Anfang ihres künstlerischen Werdegangs experimentierte Niki de Saint Phalle mit unterschiedlichen Materialien. Das Material Gips benutzte die Künstlerin sowohl in ihren Assemblagen als auch in den späteren Schießbildern, in denen Gegenstände mit Gips überzogen wurden. In der zugrundeliegenden Assemblage hat Niki de Saint Phalle Gegenstände sichtbar in ein Gipsbett gelegt und ihnen so einen neuen Stellenwert gegeben. Ein Rechteck mit Gips ausgegossen bildet somit die äußere Form, die den eingelegten Gegenständen einen Rahmen und damit einen Hintergrund verschafft. Die einzelnen Teile, scheinbar zufällig angeordnet, erfahren dadurch eine Aufwertung und erhalten eine neue Funktion als gemeinsames Objekt der Betrachtung.

Bei der Umsetzung im Unterricht stehen die gesammelten Objekte der Kinder im Vordergrund. „Das Sammeln von Dingen ist ein Teil der Alltagskultur der Schülerinnen und Schüler. (...) Durch das Sammeln von Objekten der Welt ordnen die Schülerinnen und Schüler Dinge, die um sie herum existieren. Im Collagieren und Kombinieren können [sie] aus Bekanntem, Gefundenem und Zufälligem neue

5 Vgl. Jahn, J./Hauenkreisser, W., 1995, S. 49
6 Vgl. Jahn, J./Hauenkreisser, W., 1995, S. 613

Zusammenhänge und Ausdrucksformen bilden."[7] In diesem Unterrichtsvorhaben erfolgt dies in Form einer Gipsassemblage. Um den Kindern Zeit zum intensiven Sammeln zu geben, ist eine Vorlaufzeit von einigen Wochen angebracht. Gesucht werden Dinge, die nicht mehr gebraucht werden, die keinen materiellen Wert besitzen aber aufgrund ihres Aussehens oder ihrer Bedeutung bisher nicht weggeworfen wurden. In ihnen verbergen sich Geschichten, die auch im Unterricht von Bedeutung sein werden. „Menschen projizieren im Sammeln Erinnerungen, Wünsche, Sehnsüchte und Träume auf Sammelobjekte. Der Sammlungswert liegt in der Beziehung des Sammlers zu seinen Sammelobjekten. Deshalb werden Objekte nicht nur gesammelt, sondern auch in spezifischer Weise geordnet, aufbewahrt und zu bestimmten Anlässen hervorgeholt und präsentiert. Die Sammelobjekte sind eine ‚ästhetische Vergegenwärtigung der Erinnerung'[8]"[9]. Im Unterricht sollte den Kindern viel Raum gegeben werden, um von diesen Beziehungen zu ihren Sammelobjekten zu berichten, bevor sie in einer Assemblage aus Gips Verwendung finden. Die Unterrichtsreihe ist dem Bereich *Räumliches Gestalten* des Lehrplans Kunst zuzuordnen.

Ziele

Ziel der Unterrichtsreihe:
Auseinandersetzung mit einer Gipsassemblage Niki de Saint Phalles, durch die Gestaltung einer eigenen Assemblage mit gesammelten Gegenständen der Kinder

- Schulung der Wahrnehmung durch das Suchen, Sichten und Auswählen von Gegenständen
- Erproben von Gestaltungsmöglichkeiten mit gesammelten Objekten durch Anordnen in neuem Zusammenhang
- Erkennen und Reflektieren der Wechselwirkung von Körper und Raum
- Erweiterung der Wahrnehmung bezogen auf die Beschaffenheit von Körpern und deren Oberflächen
- Erfahrungen mit neuen Materialien (Gips)

Mögliche Vorgehensweise

Einstieg

Der Einstieg in diese Unterrichtsreihe erfolgt über eine Geschichte:

> Es gibt eine Schublade in meinem Schrank, in der landet alles, was ich eigentlich nicht mehr brauche, aber doch nicht wegwerfen kann.
> Einmal zerbrach eine meiner Lieblingstassen. Das schöne Rosenmuster hatte mir immer so gut gefallen. Also landete ein Stück des zerbrochenen Porzellans erst einmal in meiner Schublade.
> An einem anderen Tag brach der niedliche Frosch von meinem Schlüsselanhänger ab. Ich konnte ihn nicht in den Müll werfen, so landete auch er dort in der Kramschublade.
> In der leeren Cremedose aus schönem grünem Glas könnte ich bei Gelegenheit noch etwas aufbewahren, also ab in die Schublade.
> Und dann gab es da noch diesen ungewöhnlichen Stein in Herzchenform, den ich letzten Sonntag bei einem Spaziergang fand.
> Auch er landete am Ende bei den kleinen Schätzen in der Schublade…

Angeregt durch den Text erzählen die Kinder von gesammelten Dingen, die sie besitzen und bisher nicht wegwerfen mochten. Die Kinder erfahren, dass solche Sammelstücke in der nächsten Zeit im Mittelpunkt des Kunstunterrichts stehen. Sie werden gesammelt oder hervorgeholt, anderen Mitschülern gezeigt und zu neuen Kunstwerken zusammengefügt.

7 Lehrplan Kunst NRW, 2003, S. 113
8 Duncker/Frohberg/Zierfuss, 1999, S. 81
9 Kirchner, C., 2007, S. 122 f

Bildbetrachtung

Wie die Künstlerin Niki de Saint Phalle mit Sammelstücken umgegangen ist, erfahren die Kinder durch die Bildbetrachtung ihrer Assemblage (siehe Vorlage). Die Kinder äußern sich spontan und entdecken, dass die Künstlerin die verschiedensten Dinge in Gips festgehalten hat. Es wird deutlich, dass diese Dinge zwar nicht mehr benutzt werden können, durch die Anordnung in Gips jedoch zu einem gemeinsamen Kunstwerk werden und zu neuem Glanz gelangen. Anhand der folgenden Impulse erhalten die Kinder im Anschluss an die Bildbetrachtung ihre Sammelaufgabe für die eigene Assemblage:

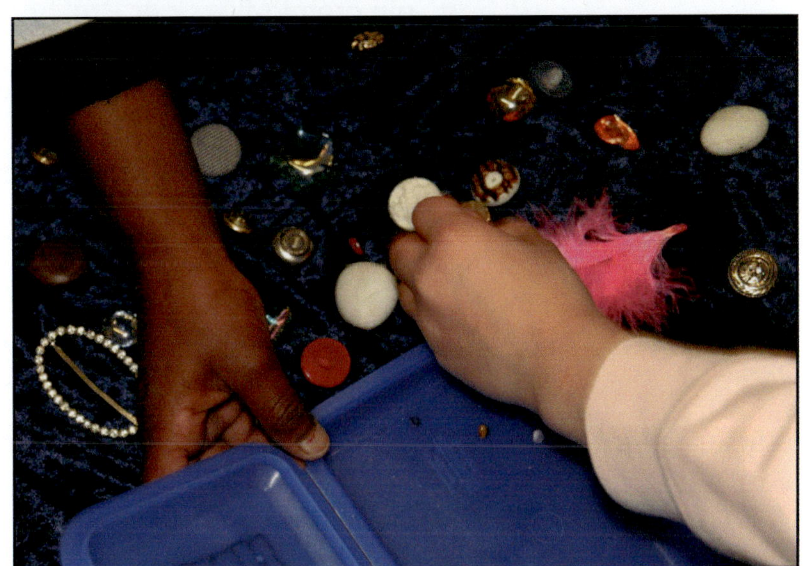

> Niki de Saint Phalle hat <u>diese</u> Dinge gesammelt. Welche Dinge sammelst du?
>
> Bringe in den nächsten Tagen Fundstücke mit, die du in einem eigenen Gipsbild festhalten möchtest.

Gespräche über Fundstücke

In der nächsten Zeit können kleine Unterrichtssequenzen erfolgen, in denen die Kinder ihre gesammelten Objekte vorstellen und dazu erzählen. Dass die meisten Dinge eine Geschichte haben, wird ihnen häufig erst in dieser Phase bewusst, wenn sie sich die verschiedensten Fragen zum Sammelobjekt stellen, z. B.:

- Wo habe ich es gefunden?
- Wann ist es mir aufgefallen?
- Hat es jemandem gehört?
- Warum funktioniert es nicht mehr?
- Warum wird es nicht mehr gebraucht/benutzt?
- Warum gefällt es mir so gut?
- ...

Diese Gespräche sind von besonderer Bedeutung, wenn das Betrachten von Fundstücken Erinnerungen wieder lebendig werden lässt und vielleicht Begebenheiten ins Gedächtnis ruft, die ohne diesen Gegenstand längst vergessen wären. Die Fundstücke und Geschichten von Mitschülern können auch andere Kinder zum Sammeln motivieren oder dazu anregen, das eigene Sammeln zu erweitern.

Arbeitsphase

Zur Erstellung einer Gipsassemblage wird eine (zusammenhängende) Doppelstunde mit den folgenden Arbeitsschritten benötigt:

Die Anordnung der Sammelstücke kann unter verschiedensten Gesichtspunkten erfolgen. Es sollte jedem Kind überlassen werden, ob es Dinge in den Mittelpunkt rückt, seine Fund-

Plakat:

Ein Gipsbild entsteht

Anordnung der Sammelstücke erproben

Endgültige Anordnung auf einem DIN-A4-Blatt festlegen

Anrühren von Gipsbrei:

- Gipsbecher zur Hälfte mit Wasser füllen
- löffelweise Gipspulver hinzufügen
- dabei immer gut rühren bis
- ein cremig-flüssiger Brei entsteht

Ausgießen des Schuhkartondeckels mit Gipsbrei

Sammelstücke zügig in das Gipsbett legen

Trocknen lassen

stücke linear oder gestreut anordnet, ob die Größe der Objekte über die Platzierung entscheidet oder ihr immaterieller Wert. Es ist wichtig, dass die Kinder diese Anordnung festlegen, bevor sie ihren Gipsbrei anrühren, da die schnelle Trockenzeit des Modelliergipses eine zügige Arbeitsweise verlangt. Zu diesem Zweck empfiehlt sich eine lose Anordnung auf einem DIN-A4-Blatt, damit es während der Arbeit mit Gips neben dem Schuhkartondeckel platziert und ggf. geschoben werden kann.

Die Kinder rühren den Gipsbrei am besten in Partnerarbeit an. Es erscheint sinnvoll, die Vorgehensweise zunächst im Kreis zu demonstrieren (siehe Plakat). Jeder Gruppentisch erhält einen Gipsbecher, eine Portion Gipspulver, einen Löffel zum Einfüllen in das Wasser sowie eine Gabel o. Ä. zum ständigen Rühren. Während des Rührens füllen die Kinder nach und nach löffelweise Gipspulver in das Wasser, bis der Gips eine cremig-fließende Konsistenz erreicht und zügig in den Schuhkartondeckel gefüllt werden kann. Während ein Kind seine Fundstücke nun im Deckel anordnet, können andere Kinder am Gruppentisch den Gipsbecher säubern und eine neue Gipsmasse anrühren, bis alle Kinder eine Assemblage erstellt haben.

Präsentation

Im Anschluss an die praktische Phase kommen die Kinder noch einmal ins Gespräch und erzählen zu ihren Assemblagen: Einige Kinder beschreiben die Arbeitsweise; andere berichten über ihre Entscheidungen zur Zusammenstellung und Anordnung der Fundstücke. An eine Wand gelehnt können die Werke auch im Schulflur oder im Schaukasten ausgestellt werden und als Gesprächsanlass dienen. Dabei werden noch einmal die Geschichten rund um die Fundstücke und die damit verbundenen Erinnerungen lebendig.

Niki de Saint Phalle: Broken Plates, ca. 1958

2.3 Ein Garten der Fantasie

Gestaltung eines Skulpturengartens

Vorlagen

- Modell zum Tarot-Garten, 1978
- Golem, 1972
- Der Drachen, 1973
- Tarot-Garten, 1979–2002

Medien

- Knete (selbst hergestellt, Rezept siehe S. 32)
- feste Pappe als Untergrund
- Zahnstocher, ggf. Peddigrohr

Zeitbedarf – ca. 3 Unterrichtsstunden

Thema und Intention

Die Kinder lernen in dieser Unterrichtsreihe Architekturprojekte und begehbare Skulpturen Niki de Saint Phalles kennen. Eine „Augenreise" durch das Modell des Tarot-Gartens (siehe Vorlage) leitet die anschließende Gestaltung eines eigenen Miniatur-Skulpturengartens aus Knete ein.

In den 60er-Jahren gestaltete Niki de Saint Phalle erste monumentale Skulpturen und erhielt in den folgenden Jahren Aufträge für begehbare Skulpturenhäuser. So baute sie zum Beispiel 1972 „Golem", ein Monsterhaus mit drei Rutschbahnen für einen Kinderspielplatz in Jerusalem oder im darauffolgenden Jahr ein bewohnbares Spielhaus für den Sohn eines befreundeten Paares („Der Drachen" in Knokke). 1979 begann Niki de Saint Phalle gemeinsam mit Jean Tinguely mit dem Bau eines Skulpturengartens, dem Tarot-Garten, an dem sie über 20 Jahre gearbeitet hat. Niki de Saint Phalle erfüllte sich damit einen Lebenstraum. Der Garten sollte die plastische Fassung der Tarotkarten werden, in dem die wichtigsten Figuren der 22 Karten des geheimen Wissens monumental dargestellt sind.

In dieser Unterrichtsreihe ist ein Modell des Tarot-Gartens Ausgangspunkt für die praktische Arbeit der Kinder (siehe Vorlage). Ein Modell gilt ursprünglich als verkleinerte Wiedergabe, als Vorbild zur Realisierung eines Werkes. In diesem Unterrichtsvorschlag wird nicht die Abbildung des vollendeten Tarot-Gartens, sondern gerade das Modell als Bildanreiz gewählt. Aufgrund seiner Einfachheit und durch die verwendeten Materialien besitzt es einen starken Aufforderungscharakter zum eigenen Modellieren. Im Gegensatz zum vollendeten Garten beschränkt es sich lediglich auf die Form der Skulpturen.

Um sich eine Vorstellung von der Größe des realen Tarot-Gartens zu machen, in dem viele Skulpturen in monumentaler Größe geschaffen wurden und begehbar sind, erschließen sich die Kinder die Abbildung durch eine „Augenreise": Sie werden angeleitet, sich einen Gang durch dieses Modell vorzustellen. Diese Augenreise ermöglicht eine bessere Vorstellung der Dimensionen und das genaue Sehen vieler Details. Dabei wird die Bedeutung der Figuren Niki de Saint Phalles, der Bezug zum Tarot außer Acht gelassen. Im Vordergrund steht vielmehr die Entwicklung eigener Ideen der Kinder zur Gestaltung eines Skulpturengartens.

In der praktischen Phase haben die Kinder die Aufgabe, ihre Ideen dreidimensional umzusetzen. Dabei steht das direkte Erproben im Vordergrund. Ein großer Klumpen Knete genügt als Impuls zum experimentellen Tun und fordert die Kinder zum spielerischen Probieren heraus. Viele Ideen entstehen erst während des plastischen Gestaltens und schließen den Zufall mit ein. Begehbare Bögen, verschlungene Pfade oder geheime Gänge – der Fantasie der Kinder sind keine Grenzen gesetzt. Sie arbeiten zunächst ohne Hilfsmittel nur mit ihren Händen. Sie kneten, modellieren, sie können etwas aushöhlen, eindrücken, aufeinanderbauen, verbinden, einritzen u.v.m. Dabei machen sie haptische Erfahrungen, die im heutigen Medienzeitalter von großer Bedeutung sind. „Ein Stück Holz beschnitzen, einen Stein behauen, einen Lehmklumpen verformen – das gehört nicht mehr zu den selbstverständlichen Aktivitäten; Welt wird mehr und mehr virtuell, weniger materiell erlebt.“[10] Die Kinder erfühlen die Beschaffenheit des Materials und erfahren während des plastischen Gestaltens deren Möglichkeiten und Grenzen, sodass die Entwicklung und das Ergebnis stark vom Material abhängig sind. Selbst gemachte Knete bietet sich als Material an, da sie kostengünstig und in großer Menge leicht herstellbar ist. Sie lässt sich mit wenig Kraftaufwand bearbeiten und ermöglicht es, viele beliebige Formen herzustellen.

Die Kinder realisieren während der praktischen Arbeit vollplastisch figurative Darstellungen und kombinieren räumliche Elemente zu einem Gestaltungszusammenhang. Diese Unterrichtsgegenstände sind dem Bereich *Räumliches Gestalten* des Lehrplanes Kunst zuzuordnen.

10 Grünewald, D., 2000, S. 4

Ziele

Ziel der Unterrichtsreihe:
Die Kinder lernen Architekturprojekte/begehbare Skulpturen Niki de Saint Phalles kennen. Zur gestalterischen Auseinandersetzung realisieren sie in Gruppenarbeit vollplastisch ihre eigenen Vorstellungen von einem Skulpturengarten.

- Erkennen und Benennen gestalterischer Aspekte zur Anregung für das eigene Modellieren
- Erkennen und Benennen der Formensprache der Künstlerin
- Entwicklung kreativer Fähigkeiten während der Gestaltung eines eigenen Skulpturengartens
- Kombination räumlicher Elemente zu einem Gestaltungszusammenhang
- Erleben, Entdecken und Reflektieren der Wechselwirkung von Körper und Raum
- Experimenteller und gezielter Umgang mit verformbarem Material
- Erproben technischer Hilfsmittel beim Experimentieren

Mögliche Vorgehensweise

Einstieg

Der Einstieg in die Unterrichtsreihe erfolgt durch die Betrachtung verschiedener Architekturprojekte Niki de Saint Phalles. Die Kinder sehen die Abbildungen des Golems und des Tarot-Gartens (siehe Vorlagen) und erhalten einen Eindruck der Größenverhältnisse dieser monumentalen Skulpturen. Während im Folgenden ein Modell (des Tarot-Gartens) zum Unterrichtsgegenstand wird, sehen sie anhand der o. g. Vorlagen, wie die Künstlerin derartige Projekte realisiert hat.

Zum Mittelpunkt der Bildbetrachtung wird nun das Modell des Tarot-Gartens, in dem Niki de Saint Phalle ihre ersten Ideen dargestellt hat (siehe Vorlage). Die Kinder erfahren, dass sich die Künstlerin einen großen Traum erfüllt hat, indem sie in Italien einen riesigen Skulpturengarten geschaffen hat. Die dort gebauten Figuren stellen Bilder aus einem alten Kartenspiel, dem Tarot, dar, das die Zukunft voraussagen soll. Nach ersten spontanen Äußerungen zu diesem Modell erfolgt eine intensive Bildbetrachtung, indem die Kinder mit den Augen durch das Modell des Tarot-Gartens wandern (Augenreise).

Augenreise

Die Aufgabe lautet: „Wandere mit deinen Augen in Gedanken durch das Modell des Tarot-Gartens. Beschreibe genau, wo du hergehst und was du siehst." Um Möglichkeiten und Dimensionen des Modells erfahren zu können, kann die Lehrkraft mit der Augenreise beginnen und das Wort an ein Kind weitergeben. Aufgabe für alle anderen Schülerinnen und Schüler ist es, der beschriebenen Augenreise zu folgen und an Haltepunkten ergänzend ihre Vermutungen und Gefühle zu beschreiben.

> Wie fühlst du dich, wenn du im Maul der Schlange stehst?
>
> Vermute, was sich im Haus mit den drei Türmen verbirgt!

Gemeinsam werden Wege begangen, Unterführungen durchlaufen und Treppen erklommen. Angeregt durch diese intensive Betrachtung des Modells werden nun die Gestaltungskriterien für einen eigenen Garten der Fantasie erarbeitet:

- Eine Grundfläche aus Knete dient als Untergrund.
- Auf dem Untergrund werden die Skulpturen (Gebäude, Figuren etc.) platziert.
- Die Figuren stellen Lebewesen oder Fantasiegestalten dar.
- Treppen, Unterführungen, Rutschen etc. können mögliche Verbindungen sein.

Arbeitsphase

Angeregt durch die Bildbetrachtung und die bereitgestellten Materialien (Pappe und Knete) erproben die Kinder die Möglichkeiten des Materials und entwickeln erste Ideen. Die Arbeit in kleinen Gruppen von vier oder fünf Kindern hat sich dabei als sehr positiv herausgestellt. Gemeinsam gestalten die Kinder aus einem Teil der ihnen zur Verfügung gestellten Knete die Grundfläche. Anschließend beginnen die Kinder mit der plastischen Gestaltung kleiner Skulpturen.

Es ist davon auszugehen, dass einige Kinder zunächst die gesehenen Figuren nachgestalten, der Umgang mit dem leicht formbaren Material eröffnet aber so viele Möglichkeiten, dass sie schnell zur individuellen Gestaltung gelangen. Gemeinsam werden die so gestalteten Figuren auf der Grundfläche angeordnet und durch mögliche Wege, Treppen, Unterführungen etc. verbunden. Zur Stabilisierung einiger Figurenteile kann die Verwendung von Zahnstochern oder Peddigrohr hilfreich sein.

Präsentation

Eine Ausstellung der plastischen Arbeiten ist nur möglich, wenn die Kinder sich entscheiden, die Knete trocknen zu lassen. Auch dann sind die Modelle nur kurze Zeit haltbar, da die Knete beim Trocknen leicht brüchig wird. Eine gute Möglichkeit zur Präsentation bietet eine Fotoausstellung der Arbeiten, die auch die Entstehung der Werke dokumentieren kann.

Um den Kindern einen Eindruck des realisierten Tarot-Gartens in der Toskana zu ermöglichen, kann ihnen abschließend die Vorlage „Tarot-Garten" gezeigt werden, die einen Ausschnitt des Gartens (die hohe Priesterin) zeigt, der im Modell wiederzuerkennen ist. Das Buch „Der Tarot-Garten" von Niki de Saint Phalle sowie ein Ausschnitt aus dem Film über die Künstlerin (siehe Literaturverzeichnis) bieten zusätzliche Einblicke in den Entstehungsprozess des Skulpturengartens.

Rezept zur Herstellung von Knete

Zutaten:

800 g Mehl
400 g Salz (kein Jodsalz)
1 Liter kochendes Wasser
4 Esslöffel Alaun (aus der Apotheke)
3-4 Esslöffel Speiseöl

Zubereitung:

Mehl, Salz und Alaun mischen.

Kochendes Wasser unter ständigem Rühren mit dem Mixer zugießen.

Zuletzt Öl hinzugeben.

Solange mit dem Mixer rühren, bis eine Knetmasse entsteht.

Die Knete zuletzt in Etappen kurz mit der Hand durchkneten (Achtung: heiß!), abkühlen lassen und luftdicht verschließen.

Die Knetmasse hält sich gut verschlossen im Kühlschrank einige Monate.

Viel Spaß!

Niki de Saint Phalle: Modell zum Tarot-Garten, 1978

Niki de Saint Phalle: Golem, 1972

Niki de Saint Phalle: Der Drache, 1973
© 2008 Niki Charitable Art Foundation/ADAGP

Niki de Saint Phalle: Tarot-Garten, 1979–2002
© 2008 Niki Charitable Art Foundation/ADAGP

2.4 Nikis Nanas

Malen einer Nana auf Leinwand

Vorlage

- Der Engel mit Drachenkopf und Sonne, 1987
- Black Venus, 1965–1967

Medien

- Leinwände/Leinwandkarton (DIN-A4) Alternative: weiß grundierter Karton
- feine Pinsel
- Abtönfarben
- Entwurfspapier und Bleistift
- schwarze Filzstifte

Zeitbedarf – ca. 6–7 Unterrichtsstunden

Thema und Intention

Mit dem Namen Niki de Saint Phalle verbinden viele Menschen die fröhlich bunten Nanas, die in dieser Unterrichtsreihe auf Leinwand gemalt werden.

Ab dem Jahr 1965 sind im künstlerischen Werk Niki de Saint Phalles Nanas in vielen unterschiedlichen Variationen zu finden. Von der kleinen Zeichnung am Rande eines Briefes bis zur begehbaren Skulptur „Hon" sind diese voluminösen Frauen voller Lebenslust bis zum Lebensende Niki de Saint Phalles immer wieder Gegenstand ihres künstlerischen Schaffens. Gemeinsam sind den meisten Nanas der voluminöse Körper mit kleinem Kopf, die vereinfachten Extremitäten und die intensive Farbigkeit. Viele Nanas zeigen eine schmale Taille, kräftige Schenkel und große Brüste. Sie werden häufig in Bewegung dargestellt und strahlen dabei ausgelassene Heiterkeit aus.

> „Nana
> Nana ist Fruchtbarkeitsidol und Nährmutter.
> Nana ist ein über alle Maßen weibliches Bild der Frau.
> Nana ist heiter, poetisch, freundlich und von ansteckendem Humor.
> Nana ist alles erdenklich weibliche
> Nana ist Liebesgöttin."[11]

Nachdem Niki de Saint Phalle erste Nanas aus Stoff gefertigt hatte, arbeitete sie später mit großer Begeisterung mit dem gut formbaren Material Polyester, das zu einem ihrer Lieblingswerkstoffe wurde. Dieses Material eignete sich auch für die großen, im öffentlichen Raum installierten Nanas, z.B. für die Skulpturen am Leineufer in Hannover oder für Figuren, die in Zusammenarbeit mit Jean Tinguely entstanden und durch seine Stahlkonstruktionen in Bewegung gebracht wurden. Die größte, begehbare Nana entstand 1966 in Zusammenarbeit mit Jean Tinguely in Schweden. Es war die Riesennana „Hon", die mit ihrer Größe von 9 m Breite und 6 m Höhe viele Museumsbesucher beeindruckte.

Nanas in gezeichneter und gemalter Form finden sich in vielen Briefen Niki de Saint Phalles oder auf Gemälden und Plakaten als Druckversion. Ihre Farben sind die Hautfarben der Menschen auf der ganzen Welt, von Gelb über Rot und Schwarz bis Weiß, aber auch

11 Becker, M., 2005, S. 262

Nanas in Fantasiefarben finden sich in ihrem Werk.

In der folgenden Unterrichtsreihe nähern sich die Kinder dem Thema über einen beschreibenden Text, indem sie sich Nanas zunächst vorstellen und über die Darstellung von Lebensfreude durch Körperhaltungen reflektieren. Die anschließende Bildbetrachtung ermöglicht das Sammeln der Gestaltungsmerkmale für die eigene Arbeit. Da es einen hohen Anspruch an die Kinder darstellt, die Proportionen einer Nana zeichnerisch zu erfassen, sollte zunächst eine Reihe von Skizzen entstehen, die in wiederholten Reflektionen korrigiert und verfeinert werden. Die Kinder müssen sich die Form einer Nana erarbeiten, das erfordert Durchhaltevermögen und die Bereitschaft, sich auf diesen Gestaltungsprozess einzulassen.

Erst nachdem die Kinder relativ sicher im Zeichnen der Figuren sind, können sie sich mit der Anordnung auf der Fläche und mit der weiteren Ausgestaltung in klaren und kräftigen Farben beschäftigen. Rund um die Nana können nun andere, für Niki de Saint Phalle typische Motive und Figuren, wie Himmelskörper, Drachenköpfe etc. einen Platz finden. Es ist für die Kinder sehr motivierend, mit leuchtenden Farben auf Leinwand zu malen. Preiswertere Alternativen stellen Leinwandkarton, weiß grundierte Pappe oder Pizzakartons dar.

Die Unterrichtsreihe ist den Bereichen *Farbiges* und *Grafisches Gestalten* des Lehrplans Kunst zuzuordnen.

Ziele

Ziel der Unterrichtsreihe:
Auseinandersetzung mit Niki de Saint Phalles Nanas durch das Zeichnen und Malen einer Nana auf Leinwand

- Verschiedene Körperausdrucksmöglichkeiten erproben und einsetzen
- Erkennen und Benennen der Gestaltungsmerkmale einer Nana
- Zeichnerisches Erproben der Gestaltungsmerkmale anhand von Skizzen
- Farbe bewusst einsetzen, ihre Wirkungen und Wechselwirkungen beobachten
- Erfahrungen im Umgang mit Farben, Malwerkzeugen und Malgründen erweitern

Mögliche Vorgehensweise

Einstieg

Der folgende Text dient als Einstieg in das Thema „Nanas“. Vor der Bildbetrachtung regt er die Kinder an, sich eine Nana vorzustellen und zeigt ihnen bereits erste Gestaltungskriterien auf:

Nikis Nanas

Nikis berühmteste Figuren sind die Nanas, große, dicke Frauengestalten voller Lebenslust und Energie, bunt bemalt und fröhlich. Nanas strahlen Heiterkeit und Lebendigkeit aus. Sie wollen dir ihre gute Laune zeigen, sind ausgelassen und immer in Bewegung.

Mit dem folgenden Impuls werden die Kinder angeregt, Ausdrucksformen für diese Lebensfreude und Fröhlichkeit zu finden, die sie pantomimisch darstellen können:

Niki malte, baute und modellierte in ihrem Leben viele viele Nanas, die meisten ohne Gesicht.
Wie schaffte sie es wohl, diese Lebensfreude auszudrücken, ohne ihnen ein Gesicht zu geben?
Überlege, wie du Fröhlichkeit ohne einen Gesichtsausdruck zeigen kannst.

Bildbetrachtung

Zur Erfassung der typischen Gestaltungskriterien einer Nana erfolgt eine intensive Bildbetrachtung der Werke „Der Engel mit Drachenkopf und Sonne, 1987“ und „Black Venus, 1965–1967“. Die Kinder äußern sich spontan zu den Kunstwerken und nennen anschließend Gemeinsamkeiten der dargestellten Figuren. Somit gelangen sie zu einem Kriterienkatalog für ihre Gestaltungsaufgabe. Es empfiehlt sich, die Gestaltungskriterien auf einem Plakat zu sammeln, sodass sie während der Unterrichtsreihe präsent sind:

Gestaltung einer Nana

- kleiner Kopf ohne Gesicht
- vereinfachte Extremitäten
- große Brüste – als Kreise dargestellt
- schmale Taille
- breite Hüften und Oberschenkel
- mit einem Badeanzug bekleidet
- einfarbige Haut
- Badeanzug: bunte Farbflächen, Muster und Ornamente

Auch in dem Bildhintergrund des Kunstwerks „Der Engel mit Drachenkopf und Sonne“ finden die Kinder typische, unverwechselbare Bildelemente Niki de Saint Phalles, wie Himmelskörper und Drachenkopf und die Verwendung leuchtender klarer Farben. Vor blauem Hintergrund in Verbindung mit den Himmelskörpern scheint die Nana hier am Himmel zu schweben.

Anfertigen von Skizzen

Nachdem die Kriterien gesammelt sind, bemühen sich die Kinder um eine praktische Erprobung in Form von Skizzen. Lockerungsübungen, z. B. das Zeichnen großer Kreise, Ellipsen und schwungvoller Linien können einigen Kindern den Einstieg erleichtern und die Angst vor der Fläche nehmen. Es entsteht eine Serie von Entwürfen, die den Entstehungsprozess einer Nana dokumentieren kann. Dem Zeichnen von Skizzen sollte viel Raum gegeben werden, da das zeichnerische Erfassen der typischen „Nana-Proportionen“ einen hohen Anspruch darstellt. Die Kinder erlangen so nach und nach mehr Sicherheit und können zufriedenstellende Ergebnisse erreichen, sodass sie anschließend planvoll ihr farbiges Bild gestalten können. Letzte Skizzen sollten die Kinder bereits auf DIN-A4-Papier anfertigen, um die Größenverhältnisse der Bildelemente mit einzubeziehen.

Nana auf Leinwand

Die Kinder übertragen ihren Entwurf zunächst mit einem Bleistift auf die Leinwand (Leinwandkarton oder geweißte Pappe) und gestalten anschließend die Flächen mit Abtönfarben aus. Dabei achten sie auf die Farbwahl und orientieren sich an den häufig verwendeten Farben Niki de Saint Phalles. Für die Ausgestaltung benötigen die Kinder feine Pinsel. Nach dem Farbauftrag werden die Farbflächen in Anlehnung an die Gestaltung der Künstlerin schwarz voneinander abgegrenzt. Dazu eignen sich am besten schwarze Filzstifte.

Nana-Ausstellung

Planen die Kinder, ihre Werke auszustellen, bietet es sich an, den einzelnen Nanas Namen zu geben und die Bilder mit einem Titel zu versehen. Dies könnte in gestalteter Schrift erfolgen. (Weitere Anregungen finden sich im Unterrichtsbaustein 2.9, Gestalten mit Schrift).

Niki de Saint Phalle: Der Engel mit Drachenkopf und Sonne, 1987

Niki de Saint Phalle: Black Venus 1965–1967

2.5 Skinnies – die Dünnen

Gestaltung einer Luftskulptur

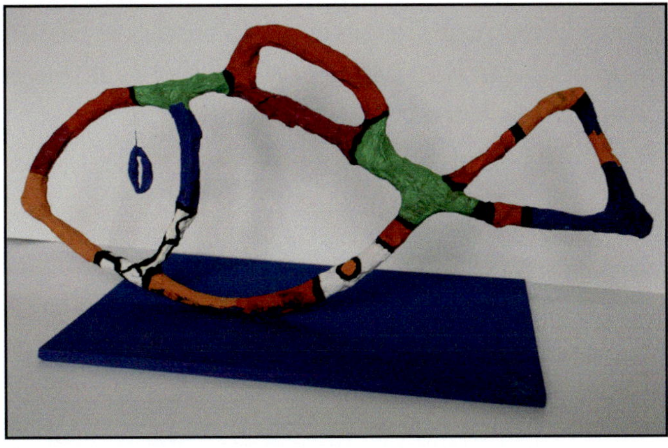

Vorlage

- Die Göttin des Lichts, 1980

Medien

- Entwurfspapier, Bleistifte
- Eisendraht ca. 1,5–1,8 mm stark (etwa 2–3 m pro Kind, größere und kleinere Stücke vorbereiten)
- Seitenschneider
- Paketklebeband, Scheren
- Zeitungspapier, Kleister
- eventuell Spanplatte 30 cm × 30 cm (Ständer)
- Krampen, Nylonschnur
- ggf. Modelliermasse
- Abtönfarbe, Pinsel, Filzstifte

Zeitbedarf – ca. 8 Unterrichtsstunden

Thema und Intention

In dieser Unterrichtsreihe stehen die sogenannten „Luftskulpturen" Niki de Saint Phalles im Mittelpunkt und bilden den Ausgangspunkt zur Gestaltung eigener Figuren der Kinder aus Draht und Pappmaschee. Nach einer Retrospektive im Centre Pompidou, Paris, sowie zahlreicher Ausstellungen bereichert Niki de Saint Phalle ihr Werk 1980 durch eine neue Form von Plastik, die sich durch besondere Leichtigkeit auszeichnet. Diese Leichtigkeit entsteht, indem das Element Luft in die Plastik mit einbezogen wird. Die Künstlerin nennt ihre Plastiken Skinnies, die Dünnen. In der Literatur wird häufig von „Luftskulpturen" gesprochen. Besonderes Gestaltungskriterium dieser Figuren ist ihre Transparenz, die Licht- und Luftdurchlässigkeit, die dem Betrachter ein Hindurchschauen ermöglicht.

Dargestellt werden Lebewesen (insbesondere Schlangen, Vögel, Menschen), Himmelskörper und mythologische Themen. Ihre Gestaltung kommt Umrisslinien gleich. Ummantelt mit dem von der Künstlerin bevorzugten Werkstoff Polyester ergeben sich runde, weiche Formen. Eine weitere Ausgestaltung erfolgt durch kräftige Farben und Muster. In den Räumen innerhalb der „Umrisslinien" findet der Betrachter hängende, scheinbar schwebende Figuren. Wie Niki de Saint Phalles Nanas wirken die Skinnies fröhlich und lebendig, durch die Verwendung leuchtender, klarer Farben. Häufig benutzt die Künstlerin dabei die Farbe Blau, die Farbe des Himmels.

Während einer intensiven Bildbetrachtung der Vorlage ergeben sich die Kriterien zur Erstellung eigener Skinnies, bezogen auf Form und Technik, Motivwahl sowie verwendbare Farben und Muster. Die Kinder gestalten eine frei stehende (oder hängende) Plastik, ein dreidimensionales Werk. Das Aufhängen der Figuren ist eine gute Möglichkeit, um statische Schwierigkeiten zu umgehen. Auch Niki de Saint Phalle hat einen hängenden Skinnie erschaffen, der im Tarot-Garten in der Toskana zu bewundern ist.

Um sich möglichst nah an der Arbeitsweise der Künstlerin zu orientieren, biegen die Kinder ihre Skinnies zunächst aus Draht. Diese Unterkonstruktion wird später mithilfe von Zeitungspapier verstärkt und mit Pappmaschee (Zeitungsstücke und Kleister) ummantelt. Die Arbeit mit Pappmaschee ermöglicht den Kindern intensive haptische Erfahrungen, die in unserem Medienzeitalter und der veränderten Kindheit von besonderer Bedeutung sind.

Durch die Gestaltung eigener „Luftskulpturen" realisieren die Kinder vollplastisch figurative Darstellungen und erweitern ihre Erfahrungen im Umgang mit Farben und Malwerkzeugen. Diese Unterrichtsgegenstände sind den Bereichen *Räumliches* und *Farbiges Gestalten* des Lehrplanes Kunst zuzuordnen.

Ziele

Ziel der Unterrichtsreihe:
Auseinandersetzung mit einer Form des plastischen Werkes der Künstlerin Niki de Saint Phalle, durch die Gestaltung einer Luftskulptur aus Draht und Pappmaschee

- Entwicklung kreativer Fähigkeiten beim Entwurf und der Umsetzung eigener Figuren
- Erfahrungen im Umgang mit plastischen Materialien
- Erproben der Gestaltbarkeit von Materialien
- Erfahrungen im Umgang mit Farben, Malwerkzeugen und Malgründen

Mögliche Vorgehensweise

Einstieg in die Unterrichtsreihe

Als Einstieg in die Thematik bietet sich die Erarbeitung des Lebenslaufes Niki de Saint Phalles und des Künstler-Leporellos (siehe Kapitel 1.3) an. Auch das Thema „Skinnies" wird darin aufgegriffen und kann durch eine Bildbetrachtung intensiviert werden. Im Anschluss könnte den Kindern als stummer Impuls die Wortkarte mit dem Begriff „Luftskulptur" präsentiert werden, die zum Sammeln von Assoziationen anregt, bevor mit der Bildbetrachtung begonnen wird.

Bildbetrachtung

Die Kinder betrachten den Skinnie „Die Göttin des Lichts" von Niki de Saint Phalle (siehe Vorlage). Nachdem zunächst spontane Äußerungen der Kinder erfolgen, wird im Anschluss der Begriff „Luftskulptur" erneut aufgegriffen, und die Kinder versuchen ihn mit dem Bild in Zusammenhang zu bringen. Mögliche Äußerungen könnten sich auf die Motive (Vogel, Sonne) oder die Licht- und Luftdurchlässigkeit der Figur beziehen. Das Gespräch sollte dann auf die Gestaltungselemente Form und Farbe gelenkt werden:

> Beschreibe, wie die Künstlerin es geschafft hat, einen Vogel darzustellen.

Ein derartiger Impuls könnte eine Diskussion über die Form der Skulptur, die Darstellung des Motivs durch eine Umrisslinie einleiten.

> Beschreibe, welche Farben Niki verwendet hat. Wie hat sie damit die Figur bemalt?

Mit diesem zweiten Impuls arbeiten die Kinder die Gestaltungskriterien hinsichtlich der Farbe heraus, die sie später auch bei der Bemalung eigener Figuren beachten sollen:

- kräftige, leuchtende Farben (Lieblingsfarben der Künstlerin)
- bevorzugte Farbe Blau
- Einteilung der Figur in unregelmäßige farbige Abschnitte
- teilweise schwarz voneinander abgegrenzte farbige Flächen
- einige weiße Abschnitte mit ornamentartigen Verzierungen

Idee/Anfertigen eines Entwurfs

Nach der Bildbetrachtung stellt sich die Frage nach dem Motiv für die eigene Gestaltung der Kinder. Niki de Saint Phalles Skinnies stellen mythologische Lebewesen und Himmelskörper dar. Ihre Luftskulpturen sollten im weitesten Sinne „atmen" können, was die Motivwahl der Kinder einschränkt; wichtige Themen der Kinder sollten aber zugelassen werden, damit sie ihre Kreativität entfalten können. Eine Möglichkeit wäre, die Wahl des Motivs freizustellen, jedoch die Darstellung von „toten" Gegenständen auszuschließen. Zu Beginn der Gestaltungsphase zeichnen die Kinder Entwürfe, um das Motiv ihrer Wahl mit einer Umrisslinie und wenigen Innenlinien darzustellen.

Ein Gerüst aus Draht

Ein Drahtstück in die gewünschte Form zu bringen, ist der schwierigste Teil der Gestaltung. Der Draht sollte gut formbar sein, muss aber für die Stabilität der Figur eine bestimmte Stärke aufweisen. Dadurch gibt das Material nicht selten einen bestimmten Verlauf der Gestaltung vor, sodass sich auch Abweichungen vom Entwurf ergeben können. Ratsam ist es, zunächst den „Umriss" der Figur zu biegen und den Draht anschließend zur Ausgestaltung der Figur weiterzuführen oder weitere Drahtteile anzufügen (siehe Tippkarte 1).

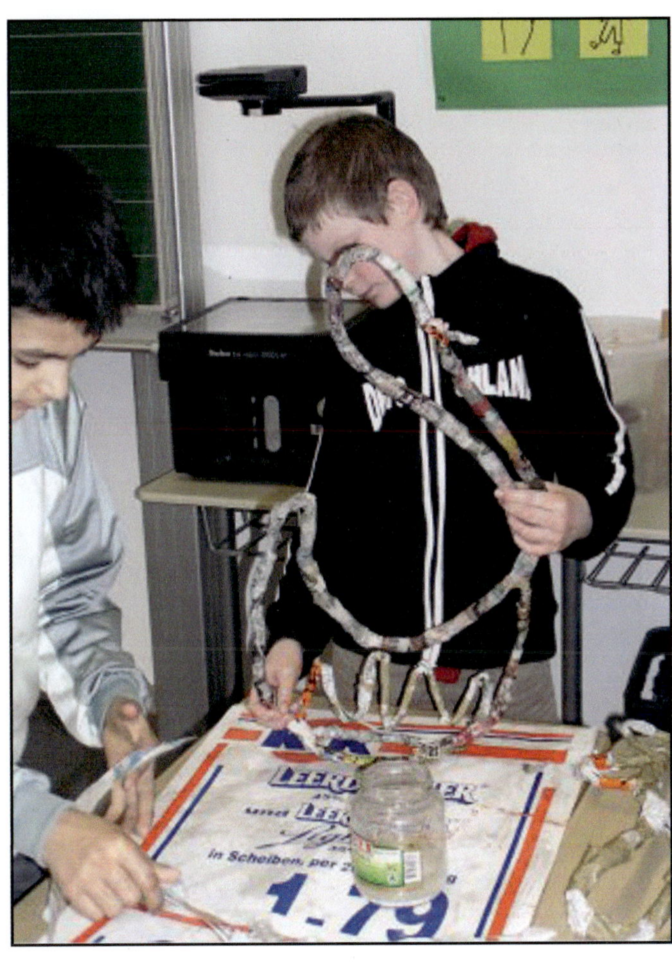

Die Arbeit mit Pappmaschee

Um der Drahtfigur mehr Volumen zu geben, ummanteln die Kinder das Gerüst mit gedrehten Zeitungspapiersträngen (siehe Tippkarte 2). Diese werden mit Klebeband fixiert. Anschließend bestreichen die Kinder Zeitungspapierstreifen mit Kleister, wickeln diese um die Figur und gelangen so zu einer glatten Oberfläche (siehe Tippkarte 3).

Bemalung der Figuren

Nachdem ein Rohling aus Draht und Pappmaschee entstanden ist, wird dieser im Sinne der Künstlerin mit leuchtenden Farben und Mustern bemalt. Beim farbigen Gestalten setzen die Kinder Farben bewusst ein, um eine fröhlich-lebendige Wirkung zu erzielen. Zur Umsetzung eignen sich insbesondere Abtönfarben (Baumarkt), da sie einen gut deckenden

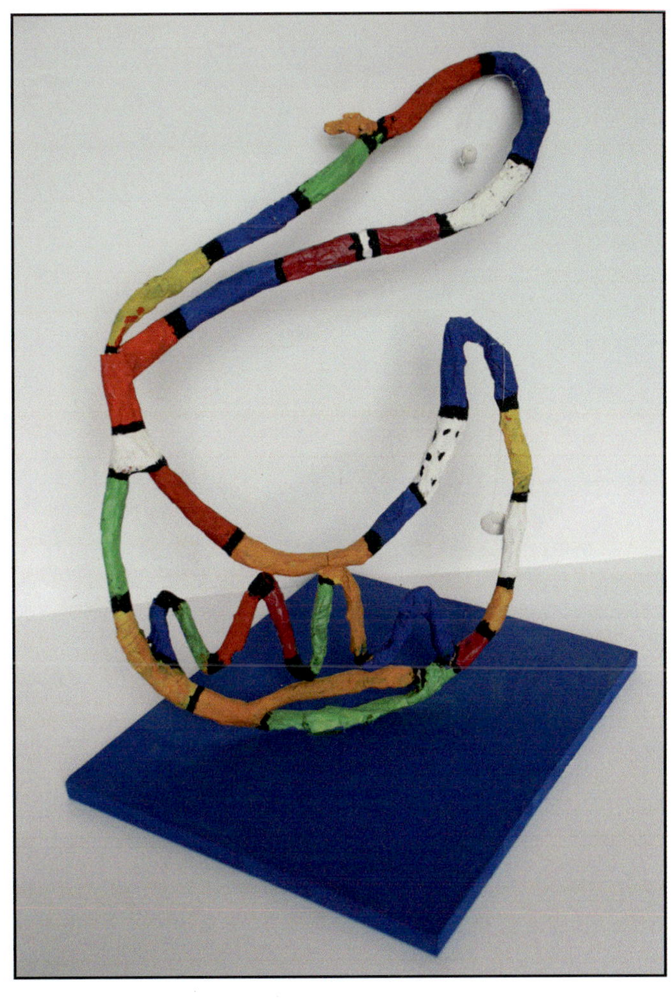

Farbauftrag ermöglichen und günstig erhältlich sind. Sollten es die finanziellen Möglichkeiten zulassen, kann das Farbsortiment durch die Töne Apfelgrün und Magentarot (meist nur als Acrylfarbe erhältlich) ergänzt werden. Die Farbtöne werden von der Künstlerin häufig verwendet und beeindrucken durch ihre Leuchtkraft.

Kleine Figuren/Einzelteile

Nach der Gestaltung der Skinnies besteht die Möglichkeit, kleine Figuren/Elemente aus Modelliermasse zu formen, die nach dem Trocknen und der Bemalung mit Nylonschnur in die Skinnies gehängt werden.

Präsentation der Figuren

Abschließend wird entschieden, ob die Skinnies auf einem Untergrund befestigt oder frei schwebend im Raum aufgehängt werden (Nylonschnur). Als Fuß kann eine Spanplatte dienen, auf der die Figur mit Krampen festgenagelt wird (siehe Tippkarte 4). Hierbei ist es nötig, den Kindern Hilfe anzubieten. Eine besondere Wirkung kann erzielt werden, wenn die Skinnies in einem lichtdurchfluteten Raum ausgestellt werden.

Eine Luftskulptur entsteht

1. Zeichnen eines Entwurfs
2. Erstellen eines Drahtgerüstes
   - auf Stabilität achten
   - großflächig arbeiten
   - Verbindungen mit Klebeband
3. Ummantelung mit Papier
   - Papierstreifen drehen
   - Stränge auf den Draht legen
   - mit Klebeband befestigen
4. Arbeit mit Pappmaschee
   - schmale Papierstreifen reißen
   - Streifen mit Kleister bestreichen
   - Gerüst damit umwickeln
5. Trocknen lassen, bemalen
6. Einzelteile aus Modelliermasse formen und in die Figur hängen

Mögliches Plakat/Tafelbild: Arbeitsschritte zur Herstellung einer Luftskulptur

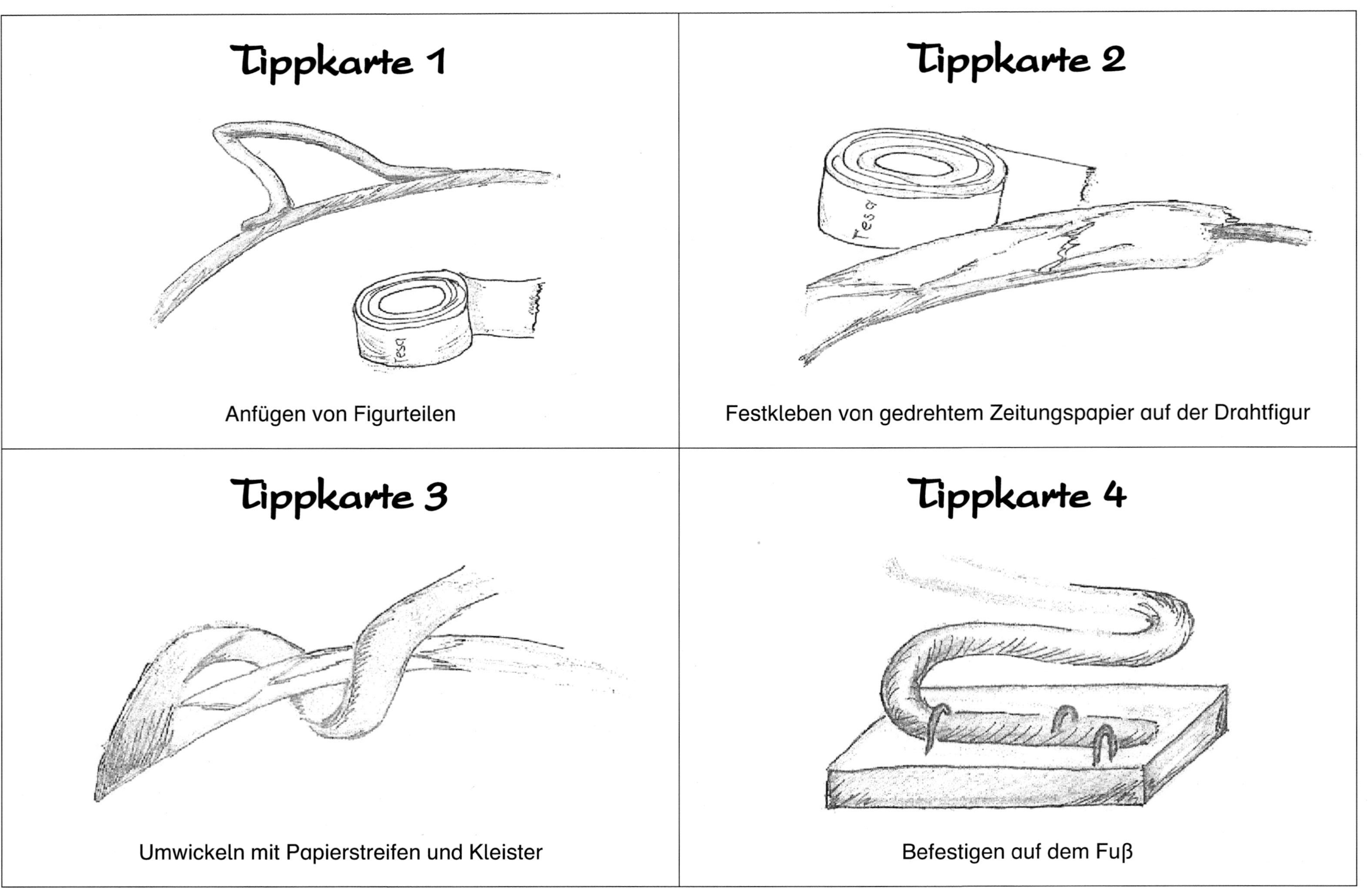

Tippkarten zur Gestaltung einer Luftskulptur (Kopiervorlage zum Vergrößern)

Die Skinnies

Als Niki de Saint Phalle schon viele Jahre als Künstlerin gearbeitet
und zahlreiche Skulpturen geschaffen hatte,
wollte sie noch einmal etwas Neues versuchen.

Da kam ihr die Idee, Luftskulpturen zu bauen.
Durch sie hindurch sollte man
die Dinge der Welt sehen,
den Himmel und die Sterne.

Niki nannte die neuen Skulpturen
Skinnies, die Dünnen.
Die Skinnies sollten wie Lebewesen sein,
die atmen können.

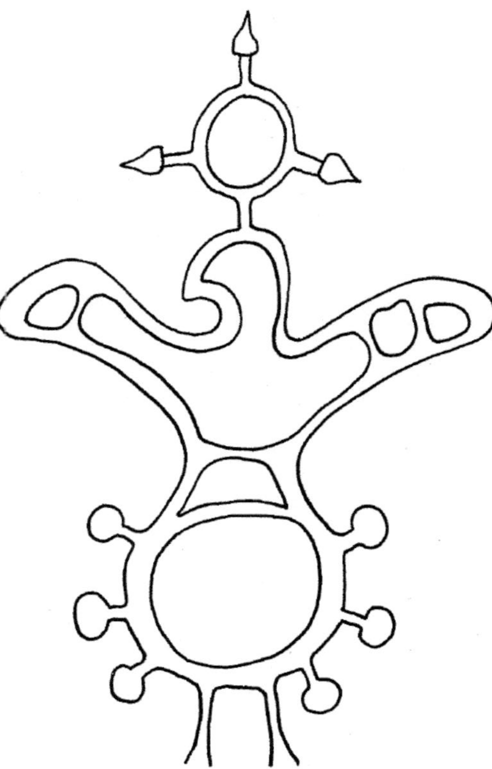

2.6 Bewegte Bilder

Gestaltung eines bewegten Märchenreliefs

Vorlage

- Königin der Wüste, 1994

Medien

- Entwurfspapier, Bleistifte
- weißer Plakatkarton (als Hintergrund) in DIN-A2 (1× pro Gruppe/Partner)
- dünne Pappreste (z. B. ausgediente Plakate aus dem Supermarkt)
- Abtönfarbe
- breite und feine Pinsel
- Alleskleber, Heißkleber
- Schere, Cutter oder Teppichmesser
- Material für die Beweglichkeit der Figuren, z. B.: Styroporkugeln, Korken, Kunststoffgleiter (Baumarkt) …
- Märchenbücher

Zeitbedarf – ca. 10 Unterrichtsstunden

Thema und Intention

Mit dem Werk „Königin der Wüste", das Niki de Saint Phalle 1994 schuf, lernen die Kinder eines von zahlreichen beweglichen Bildern der Künstlerin kennen und setzen den Aspekt der Bewegung in eigenen Märchenbildern gestalterisch um.

Das Werk „Königin der Wüste" gehört zu den „Tableaux éclatés", wie Niki de Saint Phalle ihre kinetischen Werke nannte, die sie ab 1992 gestaltete. Die Bezeichnung steht für Reliefs der Künstlerin, in denen Bildelemente mithilfe kleiner Elektromotoren in Bewegung gebracht werden. Die Arbeit an den „Tableaux éclatés" war aus Sicht Niki de Saint Phalles die Fortsetzung ihrer künstlerischen Zusammenarbeit mit ihrem verstorbenen Partner Jean Tinguely, dessen Werk vorwiegend aus beweglichen Skulpturen bestand.

Die kinetischen Reliefs Niki de Saint Phalles stellen unterschiedliche Motive dar. Das Werk „Königin der Wüste" zeigt die Königin Califia, Romanfigur einer Geschichte, die der Namensgebung des amerikanischen Bundesstaates Kalifornien zugrunde liegt, dem damaligen Wohnort der Künstlerin.

> *„Sie [Califia] war schwarz wie die Nacht und die schönste aller Frauen. In einer goldenen Rüstung ritt sie auf einem Adler, eine Meute wilder Hunde folgte ihrem Kommando."*[12]

Die Künstlerin zeigt die Königin Califia als Herrscherin über die Tiere. An den schwarzen Führungsbahnen ist die Beweglichkeit der eingefügten Tiere erkennbar. Sie bewegen sich auf einfarbigem Hintergrund und stellen zusammen mit der Königin die Hauptelemente des Reliefs dar. Wie auch in anderen kinetischen Objekten verwendete Niki de Saint Phalle kräftige Farben, die eine fröhliche Wirkung erzeugen.

12 Krempel, U., 2003, S. 5

Aus den Gestaltungsmerkmalen des Kunstwerkes ergeben sich die Kriterien für die Aufgabe der Kinder. Ziel ist es, Bewegung in einem Bild zu erzeugen. Niki de Saint Phalle bediente sich Elektromotoren, um ihre Reliefs zum Leben zu erwecken. In ihren beweglichen Bildern werden Bildelemente auf vorgegebenen Bahnen in Teile zerlegt und wieder zusammengeführt. Andere bewegen sich als Ganzes. Die Aufgabe der Kinder wird sein, manuelle Lösungen zu finden, um ein Bildelement in Bewegung zu bringen. Die Kinder sollten die Gelegenheit erhalten, dieses konstruktive Problem ohne Anleitung mithilfe einfacher Materialien zu erproben und zu lösen; sie brauchen Zeit zum Experimentieren, Tüfteln, vielleicht Verwerfen und erneut Probieren, um ihre Kreativität zu entfalten.

Thematisch bieten sich viele Geschichten an, insbesondere aber die Märchen der Gebrüder Grimm, die auch Niki de Saint Phalle als Kind liebte[13]. Zu den bekannten Inhalten lassen sich leicht Bildelemente finden, die der Betrachter gleich erkennt und der Geschichte zuordnen kann (Beispiel: Frosch – Brunnen – goldene Kugel = Froschkönig). Ebenso finden sich schnell Szenen, in denen Bewegung stattfinden könnte (die goldene Kugel fällt in den Brunnen, die Hexe wird vor dem Knusperhaus ins Feuer gestoßen…).

Die Gestaltungsaufgabe ist aufgrund ihrer Komplexität mehreren Bereichen des Lehrplans Kunst zuzuordnen. Während die Schwerpunkte im grafischen und farbigen Gestalten liegen, fließt beim experimentellen Umgang mit verschiedenen Materialien das räumliche Gestalten, bei der Herstellung der Figuren und dem Spiel das szenische Gestalten mit ein.

Ziele

Ziel der Unterrichtsreihe:
Kennenlernen des kinetischen Werkes „Die Königin der Wüste" von Niki de Saint Phalle zur gestalterischen Umsetzung eines Märchens in ein bewegtes Bild

- Planung des Gestaltungsprozesses durch die Auseinandersetzung mit einem Märchen, deren Figuren, Szenen und möglichen Bildinhalten zur gestalterischen Umsetzung
- Förderung der Kreativität beim Entdecken konstruktiver Lösungen, um Bildteile beweglich zu machen
- Erproben und Erkennen bildnerischer Anordnungen
- Differenzierter Einsatz von Farben, gezielte Herstellung von Figur-Grund-Bezügen
- Förderung ungewöhnlicher Arbeits-, Sicht- und Denkweisen bei der gestalterischen Umsetzung beweglicher Märchenszenen
- Szenisches Spiel mit bewegten Bildern

Mögliche Vorgehensweise

Bildbetrachtung

Als Einstieg in die Unterrichtsreihe eignet sich eine Bildbetrachtung der Vorlage „Königin der Wüste", 1994, die durch eine Erzählung über die Königin Califia (siehe Thema und Intention) sowie den folgenden Text ergänzt wird:

> „Als Niki de Saint Phalle ein kleines Mädchen war, liebte sie Geschichten, die von Drachen handeln. In den Märchen der Brüder Grimm gab es gefährliche Ungeheuer, die von klugen und schönen Mädchen besiegt wurden. Die Stärke der Ritter und Helden war die eine Sache; die Stärke der Jungfrauen und Prinzessinnen eine ganz andere. Das waren schon früh Nikis Heldinnen […]."[14]

Während der Bildbetrachtung äußern sich die Kinder zunächst spontan zum Kunstwerk. Falls die folgenden Aspekte während der Bildbetrachtung noch nicht genannt werden, sollten sie besondere Beachtung finden und als Gestaltungsmerkmale herausgearbeitet werden:

- **Zum Bildinhalt:** Das Bild zeigt die Königin Califia, herrschend über die Tiere. Haben die Kinder bereits ein wenig über die Arbeit der Künstlerin erfahren, finden sie für Niki de Saint Phalle typische Bildelemente wie den Drachen, die Schlange, die Frauengestalt ohne Gesicht und ohne Finger, an eine Nana erinnernd, aber auch Himmelskörper wie Sonne und Sterne.

13 Vgl. Krempel, U., 2003, S. 4

14 Krempel, U., 2003, S. 4

- **Zur farblichen Gestaltung:** Die beweglichen Figuren in leuchtenden Farben und typischen Mustern befinden sich auf klarem Hintergrund, in dem maximal zwei Farben (Rot und Gelb mit einigen Abstufungen) dominieren. Dadurch werden die Figuren in den Mittelpunkt des Reliefs gesetzt und ihre Wirkung verstärkt. Dieses Gestaltungskriterium sollte auch für die praktische Umsetzung der Kinder gelten, um ihre beweglichen Figuren in den Vordergrund zu stellen.
- **Zur Technik:** Wird die Aufmerksamkeit der Kinder auf die Art und Weise gelenkt, wie dieses Kunstwerk entstanden sein könnte, fallen hervortretende Bildelemente auf. Die Kinder können in diesem Zusammenhang den Begriff **Relief** kennenlernen.

Relief (frz. „erhabene Arbeit") beschreibt „eine Form der Bildhauerkunst, bei der die Figuren aus einer Fläche hervortreten, an die sie gebunden sind."[15]

- **Zur Beweglichkeit:** Während die Kinder das Werk unter dem Aspekt der Technik betrachten, die Niki de Saint Phalle für ihr Werk gebrauchte, erkennen sie schnell die schwarzen Führungslinien im Bildhintergrund, die mögliche Bewegungen der Figuren und Konstruktionen im Hintergrund vermuten lassen.

Experimente zur Beweglichkeit

Nachdem die Bildbetrachtung die Neugier der Kinder in Bezug auf die Bewegungen der Figuren und ihre möglichen Konstruktionen „hinter den Kulissen" geweckt hat, sollte den Kindern Zeit zum Experimentieren gegeben werden, bevor sie sich auf bestimmte Bildelemente festlegen und mit der gezielten Gestaltung beginnen. Es stellt sich die Frage, wie es gelingt, auf manuelle Art und Weise Bewegung in einem Bild zu erzeugen. Die Kinder bringen zu diesem Zweck unterschiedlichste Alltagsmaterialien mit, ggf. stellt die Lehrkraft diese zur Verfügung. Durch das experimentelle Tun können die Kinder Figuren entwickeln, an denen gedreht werden kann, Bildelemente, die sich durch das Ziehen von Laschen oder Fäden bewegen, Objekte in Führungsbahnen wie bei Niki de Saint Phalle (siehe Plakat) etc. Im Vordergrund stehen zunächst technische Lösungen, das Entwickeln von Mechanismen für die spätere Gestaltung durch Versuch und Irrtum, durch den kreativen Umgang mit alltäglichen Materialien: „Neugier und Erkunden, Überprüfen, Verwerfen und erneutes Ausprobieren sind Elemente eines kreativitätsfördernden Unterrichts"[16]. Die folgende Liste zum Sammeln von Alltagsmaterialien kann hilfreich sein, sollte die Kinder aber nicht einschränken:

Sammlung von Alltagsmaterialien
- Draht
- Korken, Flaschenverschlüsse
- Büroklammern, Musterklemmen
- Pappe, Küchenrolle
- Schnüre, Garne
- Zahnstocher, Schaschlikspieße
- Styroporabfälle
- Kunststoffgleiter (Baumarkt) ...

Arbeit am Märchen

Während die Kinder im Kunstunterricht die Mechanismen zur Beweglichkeit erproben, kann die Arbeit am Märchen im Deutschunterricht erfolgen. Um sich Märcheninhalte zu vergegenwärtigen, können sie einander erzählt oder aus Büchern vorgelesen werden. Gemeinsam mit einem Partner oder in einer Kleingruppe (max. drei Kinder) sollte nun ein Märchen und eine darzustellende Szene ausgewählt werden, in der Bewegung möglich ist, z. B.

- Der Wolf und die sieben Geißlein: Der Wolf betritt das Haus der Geißlein.
- Rumpelstilzchen: Das Spinnrad der Müllerstochter dreht sich, während Rumpelstilzchen um das Feuer tanzt.
- Hänsel und Gretel: Die Hexe wird in den Ofen gestoßen.

Weiterhin wählen die Kinder einige wenige Motive aus, die das Märchen deutlich erkennbar machen und sich zur Gestaltung eignen (z. B. Hänsel und Gretel: Knusperhaus, Kinder, Hexe, Ofen etc.)

15 Vgl. Jahn, J./Hauenkreisser, W.,1995, S. 702

16 Lehrplan Kunst NRW, 2003, S. 113

Bildanordnung/Skizzen

Zunächst versuchen die Kinder in Form von Skizzen mögliche Bildanordnungen zu entwerfen. An dieser Stelle sollte darauf geachtet werden, dass nur wenige, zentrale Bildelemente angeordnet werden, um die Wirkung der bewegten Bildanteile zu unterstützen. Es sollten weiterhin die Größenverhältnisse der einzelnen Figuren berücksichtigt werden, insbesondere wenn einzelne Bildelemente hinter anderen versteckt werden sollen, z. B. könnte der Prinz hinter dem Frosch erscheinen, wenn dieser zur Seite geschoben wird.

Hintergrundgestaltung

Angelehnt an das Kunstwerk Niki de Saint Phalles „Die Königin der Wüste" ergibt sich die Möglichkeit, den Hintergrund mit zwei Farben in einem Farbverlauf zu gestalten. So entsteht ein unauffälliger und dennoch interessant wirkender Grund. Sollte eine andere Hintergrundgestaltung gewählt werden, muss auf Großflächigkeit und Einfachheit geachtet werden. Es empfiehlt sich weißer Plakatkarton in der Größe DIN-A2, um einerseits Platz für die einzelnen Bildelemente und dargestellten Bewegungen zu haben und andererseits einen festen Untergrund für die später anzubringenden Mechanismen oder das Einschneiden von Führungsbahnen zu ermöglichen.

Gestaltung der Figuren/Montage

Zu gestalten sind zunächst Bildelemente, die fest auf den Hintergrund geklebt werden (z.B. Brunnen, Knusperhaus etc.). Es ist darauf zu achten, dass deren Größe zu den beweglichen Figuren passt. Alle Bildteile werden auf dünner Pappe vorgezeichnet, mit Abtönfarbe bemalt und ausgeschnitten. In Anlehnung an die Experimentierphase zur Beweglichkeit, bringen die Kinder ihre Figuren auf dem Grund an. Soll eine Figur in einer Führungsbahn laufen (siehe Plakat im Anhang), muss darauf geachtet werden, dass ein entsprechender „Griff" an der richtigen Stelle montiert wird, um zu verhindern, dass sich eine Figur dreht oder kippt.

Diese Aufgabe stellt eine besondere Herausforderung dar, erfordert ggf. erneutes Experimentieren, gemeinsame Zwischenreflexionen oder teilweise auch die Hilfestellung der Lehrkraft.

Präsentation

Die bewegten Märchenbilder stellen für die Kinder eine große Motivation zum Erzählen der Märchen dar. Während des Erzählens können die Kinder ihre Bilder an den geeigneten Stellen in Bewegung bringen. Diese Präsentation, das zum Leben erweckte Märchen, würdigt die Arbeit in besonderem Maße, bereitet den Kindern viel Freude und kann immer wieder auf vielfältige Weise mit Partnern, in der Freiarbeit oder vor Gastklassen stattfinden.

Bewegte Märchenbilder entstehen

1. Bildbetrachtung
2. Experimenteller Umgang mit verschiedenen Materialien zur Herstellung beweglicher Figuren
3. Partnerarbeit/Gruppenarbeit zum Lieblingsmärchen (Inhalt, Szenen, bewegte Figuren, wichtige Bildelemente zur Wiedererkennung des Märchens im Bild ...)
4. Skizzen
5. Hintergrundgestaltung (schlicht)
6. Gestaltung der Figuren (wichtig: Auf die Größenverhältnisse achten „Wer versteckt sich hinter wem ...?")
7. Beweglichkeit herstellen/Befestigen mit Hilfestellung der Lehrerin (Heißkleber...)
8. Vorstellen der Bilder/Vorspielen des Märchens

Tafelbild/Plakat: Transparenz der Unterrichtsreihe

Tipps zur Beweglichkeit

gebogene oder waagerechte Linien

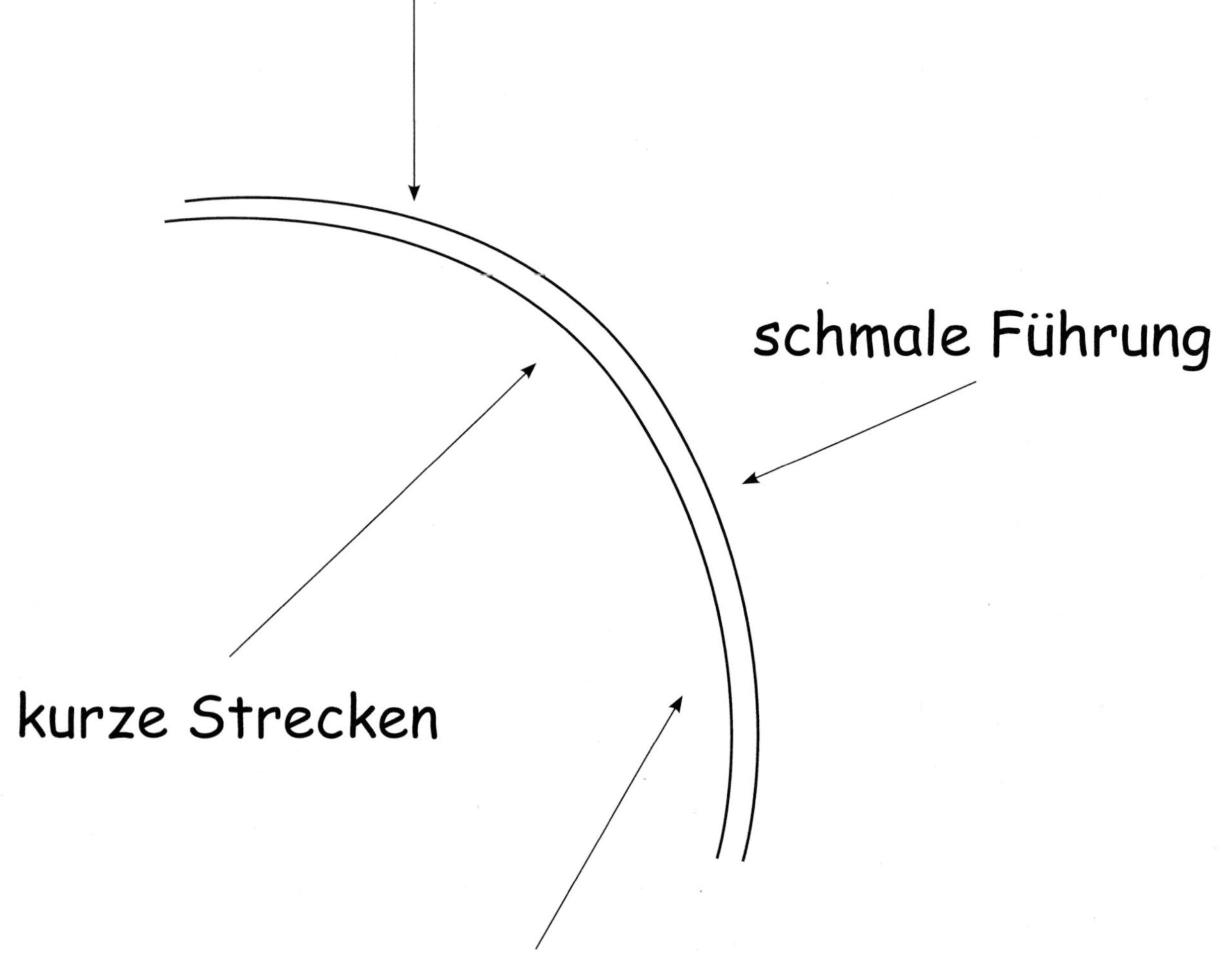

Vorzeichnen, einschließlich
Vorüberlegungen, wo
genau die Figur o.Ä.
entlang geführt werden soll

Tafelbild/Plakat (evtl. Kopiervorlage)

Kinderarbeiten eines 3. Schuljahres:

Niki de Saint Phalle: Königin der Wüste, 1994

2.7 Ein Klebebild entsteht

Erstellung einer Papiercollage

Schülerarbeit: Collage „Aus meinem Leben…“

Vorlage

- Collage aus: Niki de Saint Phalle: „Harry and me“ – die Familienjahre, 2006

Medien

- farbiges Tonpapier DIN-A3
- Fotos (von Kindern mitgebracht)
- Fotokopien von Fotos
- Zeitschriften
- Schere, Klebe
- Buntstifte, schwarzer Filzstift

Zeitbedarf – ca. 4–5 Unterrichtsstunden

Thema und Intention

Ausgangspunkt dieser Unterrichtsreihe ist eine Collage aus den autobiografischen Aufzeichnungen Niki de Saint Phalles („Harry and me“ – die Familienjahre, 2006), die den Kindern als Grundlage zur Erstellung einer eigenen Papiercollage dient.

Mit diesem zweiten Teil ihrer Biografie blickt die Künstlerin auf die Jahre 1950–1960, ihrem familiären Leben in der Ehe mit Harry Mathews und dem Beginn ihrer künstlerischen Laufbahn, zurück. Das Werk besteht aus persönlichen Texten und Zeichnungen, künstlerisch gestalteter Schrift, colorierten Fotos und Collagen.

Nachdem Niki de Saint Phalle 1953 beschließt, die Kunst zu ihrem Lebensinhalt zu machen, bildet sie sich in den darauffolgenden Jahren durch den Besuch zahlreicher Museen und Galerien fort. Sie begegnet u. a. Werken von Jean Dubuffet, Pablo Picasso, Henri Matisse und Jackson Pollock, die sie in ihrem künstlerischen Schaffen nachhaltig geprägt haben.

Die o. g. Collage, Gegenstand der Unterrichtsreihe, erzählt aus dieser Zeit, in der sich Niki de Saint Phalle intensiv der Kunst widmete. In Bild und Schrift werden die Künstler dargestellt, die für ihr Leben und ihre künstlerische Laufbahn von großer Bedeutung waren: Während sie sich durch Matisse und seine Bemühungen um neue Ausdrucksmöglichkeiten mit Farbe bestärkt fühlte, weiter zu experimentieren, lernte sie von Picasso, wie fremde Kulturen den künstlerischen Horizont erweitern können. Sie suchte Orte auf, an denen Kunst aus anderen Kulturen ausgestellt wurde und liebte die ägyptische Abteilung des Louvre in Paris. Dubuffet beeindruckte Niki de Saint Phalle durch seine poetischen Texte über Kunst und die „Art-Brut-Sammlung“, die auch Werke gesellschaftlicher

Außenseiter und geisteskranker Menschen beinhaltete. In den Werken Jackson Pollocks erkannte Niki de Saint Phalle seine durch die Farbe auf die Leinwand gebrachte Energie; die Bilder dienten der Künstlerin als Anregung für ihre eigenen Produktionen[17]. Die Collage verbindet colorierte Fotos der Künstler und Abbildungen ihrer Werke mit künstlerisch gestalteten, handschriftlichen Erläuterungen (deutsche Übersetzungen siehe Kopiervorlage).

Die Thematik für die Arbeit der Kinder ergibt sich aus der Collage Niki de Saint Phalles. Die Künstlerin hat zusammengestellt, was/wer für sie in einer bestimmten Zeit ihres Lebens von großer Bedeutung war und ihr Leben und Werk geprägt hat. Auch in den Collagen der Kinder geht es darum, was ihnen in ihrem Leben besonders wichtig und für sie von großer Bedeutung ist. Themen wie Familie, Freunde, Sport, Haustiere, Freizeitaktivitäten etc. können Grundlage ihrer Collage sein. Die Kinder sammeln entsprechende Bilder aus (Kinder-)Zeitschriften und Fotos, die kopiert und später coloriert werden. Für das Sammeln muss den Kindern genügend Zeit gegeben werden, da es von großer Bedeutung für die spätere praktische Phase und die Auseinandersetzung mit der Thematik ist: „Sammeln von Ideen aller, ist, über die Sache im Vorfeld reden, eine Voreinstellung schaffen, Vorwissen aktivieren, vorhandenes Material ausbreiten."[18]

Die Kinder haben nun die Aufgabe, aus diesen Bildern eine Collage[19] zu erstellen. Das Verfahren bietet die Möglichkeit, Gesammeltes miteinander in Beziehung zu setzen, Anordnungen zu erproben und Ausschnitte aus einzelnen Bildern herauszunehmen, die in andere Zusammenhänge gebracht werden.

Das Colorieren ermöglicht, Akzente zu setzen, etwas hervorzuheben und zu verändern.

Collage → Klebebild (Collage, frz. „papier collés"), ganz oder teilweise aus Papier oder anderem Material [...] zusammengeklebtes Bild.[19]

17 Vgl. Niki de Saint Phalle, 2006, 53 ff.
18 Otto, G./Otto, M. In: Staudte, A., 1993, S. 147
19 Vgl. Jahn, J./Hauenkreisser, W., 1995, S. 436

Die Herstellung einer Collage ist dem Bereich *Farbiges Gestalten* des Lehrplans Kunst zuzuordnen; es fließen die Bereiche *Grafisches Gestalten* und *Gestalten mit technisch-visuellen Medien* ein.

Ziele

Ziel der Unterrichtsreihe:
Kennenlernen und Nutzen der Technik „Collage" und deren Gestaltungsmöglichkeiten angeregt durch eine Collage Niki de Saint Phalles aus ihrer Biografie

- Kennenlernen technischer Möglichkeiten und Wirkungszusammenhänge der Collage
- Förderung der Wahrnehmungsfähigkeit durch das Sammeln von Bildern innerhalb eines thematischen Zusammenhangs
- Erfahren neuer Ausdrucksmöglichkeiten durch das Anordnen von Bildausschnitten in neuen Zusammenhängen
- Formen der Bildvervielfältigung in Gestaltungszusammenhängen kennenlernen und anwenden
- Schrift als Mittel zur weiteren Gestaltung erfahren

Mögliche Vorgehensweise

Einstieg

Der Einstieg in die Unterrichtsreihe kann über ein Kreisgespräch erfolgen, in dem einige Kinder mitgebrachte Poesiealben, Tagebücher oder Freundschaftsbücher vorstellen. Anknüpfend an diese Vorerfahrungen der Kinder erzählt die Lehrkraft von dem autobiografischen Buch „Harry and me – Familienjahre", das Niki de Saint Phalle an ihrem Lebensende rückblickend geschrieben und gestaltet hat. Bei der folgenden Bildbetrachtung entwickeln die Kinder eine Vorstellung davon, wie mithilfe einer Collage aus dem Leben eines Menschen erzählt werden kann.

Bildbetrachtung

Anhand der Collage Niki de Saint Phalles (siehe Vorlage) beschreiben die Kinder, was sie in dem Bild erkennen. Sie entdecken verschiedene männliche Personen, die von Kunstwerken und Schrift umgeben sind. Es wird erarbeitet, dass die Personen durch den Text namentlich genannt werden, und die abgebildeten Kunstwerke einen Teil ihrer künstlerischen Arbeit zeigen. Die Texte (deutsche Übersetzungen siehe Kopiervorlage) erläutern die Bedeutung der Künstler für Niki de Saint Phalle. Die Bildelemente sind auf einem farbigen Hintergrund angeordnet, wodurch eine gewisse Verfremdung entsteht. Einige Abbildungen wurden von der Künstlerin coloriert, eine Technik, die nicht unbedingt aus der Betrachtung deutlich wird.

Zur Erarbeitung der Technik wird den Kindern der Begriff „Klebebild“ als stummer Impuls gegeben. Die Kinder erkennen, dass diese Collage ausgeschnittene Bilder enthält, die in einen neuen Zusammenhang gebracht wurden.

Was musste Niki de Saint Phalle tun, um ein solches Bild zu gestalten?

Die genannten Arbeitsschritte, wie Sammeln, Ausschneiden, Anordnen, Aufkleben, Anmalen werden für die praktische Arbeitsphase auf Karten schriftlich festgehalten.

Ideenfindung

Nachdem die Kinder erfahren haben, dass Niki de Saint Phalle mit ihrer Collage von Künstlern erzählt, die für ihr Leben und Werk eine besondere Bedeutung hatten, sammeln sie Ideen für eine eigene Collage:

Was ist in meinem Leben besonders wichtig?

Bevor die Kinder mit der Arbeitsphase beginnen können, sollte ihnen Zeit gegeben werden, entsprechende Abbildungen zu sammeln. Auch Abbildungen aus Büchern oder Zeitschriften sollten zu speziellen Themen mit in die Schule gebracht werden.

Arbeitsphase

Aus einer erneuten Bildbetrachtung ergeben sich folgende Gestaltungsmerkmale für die Schülerarbeiten:

- Das Bild erzählt etwas über mich.
- Der Betrachter soll verstehen, was ich erzählen möchte.
- Bilder und Schrift werden auf einer farbigen Unterlage sinnvoll angeordnet.
- Schrift sollte gestalterisch eingesetzt werden.
- Farbe kann Bildteile besonders hervorheben.

Die Karten aus der vorangegangenen Unterrichtseinheit werden geordnet und ergeben den Ablauf der Arbeitsphase (siehe Tafelbild). Einige Fotos und Abbildungen, z. B. aus Sachbüchern werden fotokopiert. Die Kinder schneiden sorgfältig aus den Fotokopien aus und ordnen die Bilder auf der farbigen Fläche an. Dabei sollten unterschiedliche Möglichkeiten der Anordnung erprobt werden. Nachdem die Bilder aufgeklebt wurden, kann jetzt mit Schrift weiter gestaltet werden. Durch das Colorieren mit Buntstiften werden Akzente gesetzt.

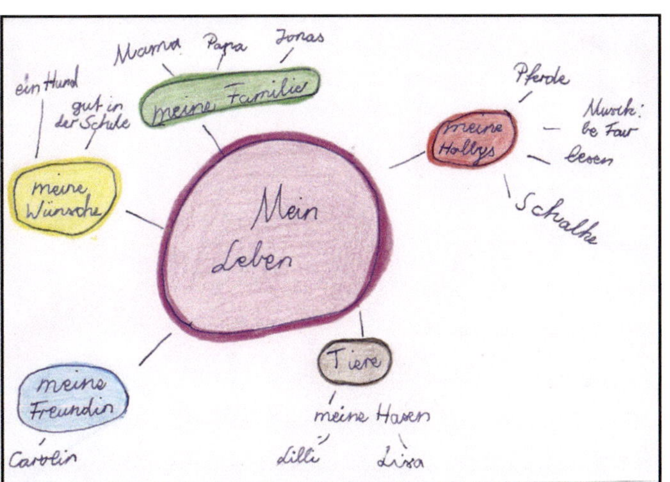

Tafelbild

Ein Klebebild entsteht:

 sammeln

 kopieren

 ausschneiden

 anordnen

 aufkleben

 beschriften

 bemalen

Präsentation

Jedes Kind sollte die Möglichkeit haben, in einem Museumsgang die Bilder der anderen Kinder zu betrachten. Da aus der Gestaltungsaufgabe hervorgeht, dass die Bildinhalte für den Betrachter verständlich sein sollen, werden die Bilder nicht von einzelnen Kindern vorgestellt. Eine Präsentation der Klasse unter dem Titel „Wir stellen uns vor“ oder „Das sind wir!“ könnte diese Unterrichtsreihe abrunden. Es ist auch möglich, die Bilder in Form eines Buches oder einer Mappe zu präsentieren.

Dubuffet mit seiner Art-Brut-Sammlung

Matisse, ein großer Meister
wenn sich Farbe in Magie verwandelt

Mein Lieblingsplatz im Louvre

Picasso
erfindet immer gerne etwas Neues

Einige von Picassos Skulpturen,
inspiriert von alten Kulturen

Durch Jackson Pollocks Gemälde fand ich
Zugang zu einem wilden Kosmos

Kopiervorlage: Übersetzung der Texte aus der Collage Niki de Saint Phalles

(Aus: Niki de Saint Phalle, 2006, S. 131)

Niki de Saint Phalle: Collage von Niki de Saint Phalle

2.8 Die Grotte

Ein Ort des Zaubers entsteht

Vorlage

- Der Grottenpavillon in den Herrenhäuser Gärten, Hannover
- Blick in den Silbernen Saal der Grotte, Hannover

Medien

Höhle:

- Schuhkarton
- Maschendraht
- Zeitungspapier
- Papprolle (Küchenrolle)
- Kreppband
- Kleister

Mosaikgestaltung:

- Glitzerfolie/glänzender Verpackungsmüll
- Schere
- starker Kleber

Symbolgestaltung:

- Modelliermasse, lufttrocknend
- Abtönfarbe
- feine Pinsel
- Heißkleber

Zeitbedarf – ca. 12 Unterrichtsstunden

Thema und Intention

Ausgehend von Niki de Saint Phalles Gestaltung der Grotte in Hannover verwandeln die Kinder in dieser Unterrichtsreihe einen Schuhkarton in eine Miniaturgrotte, in ihre Traumhöhle. Im Jahr 1998 begann Niki de Saint Phalle mit der Ausgestaltung des Innenraums eines Gartenpavillons, der Grotte des Großen Gartens in Hannover-Herrenhausen. Äußerlich wurde der Pavillon bereits im Jahr 1966 wiederhergestellt, nachdem er im Ersten Weltkrieg teilweise zerstört worden war. Die Expo im Jahr 2000 gab den Anlass, nun die Ausgestaltung des Innenraumes zu veranlassen. Da es kaum Pläne über den ursprünglichen Zustand der Grotte gab, gelangte man zu der Überzeugung, die Innengestaltung einem zeitgenössischen Künstler anzuvertrauen.

Grotte, die. Eine künstliche Höhle, gewöhnlich mit Brunnen und anderen Wasserspielen, mit Fels- und Muschelwerk dekoriert. Die G. gehört zur Gartenbaukunst der Renaissance und des Barock und erlebte im 17./18. Jh. ihre Blütezeit.[20]

Niki de Saint Phalle hatte bereits im Jahr 1969 in Hannover eine große Ausstellung im Sprengel Museum und im Jahre 1974 wurden drei monumentale Nanas am Leibnizufer aufgestellt. Als es um die Gestaltung des Innenraumes der Grotte in den Herrenhäuser Gärten ging, war es also naheliegend, diese der Stadt verbundene Künstlerin für die Aufgabe auszuwählen. Ihr Interesse für die Verbindung von Garten und Kunst war schon Mitte der 50er-Jahre durch Antonio Gaudis Park Güell in Barcelona geweckt worden. In späteren Jahren entstanden Skulpturen und begehbare Plastiken und seit dem Jahr 1974 arbeitete Niki de Saint Phalle unermüdlich an der Gestaltung des Tarot-Gartens in der Toskana.

In Hannover galt es nun drei Räume auszugestalten. Während ein Raum, der Blaue Saal, mit monochromen blauen Glasmosaiken ausgekleidet wurde, funkelt der Silberne Saal durch seine Spiegelmosaike. Die Eingangshalle, der Raum der Spiritualität, beeindruckt

20 Pevsner, N. 1971, S. 230. In: Landeshauptstadt Hannover, 2003, S. 19

durch eine in der Mitte stehende Säule, von der ausgehend sich wellenförmig Glas- und Steinmosaike in Gold, Rot, Gelb und Silber über das gesamte Gewölbe ziehen. Scheinbar schwebend sind auf den Wänden Skulpturen, typische Motive Niki de Saint Phalles, in Form von Reliefs angebracht: Augen, Hände, Schlangen, Nanas, Sterne, Monde, Delfine, Gesichter, Skelette, Münder, Kometen, Vögel und Blumen. Beeindruckend und den Zauber des Ortes verstärkend wirken die von der Künstlerin gestalteten Fenstergitter, die gleichzeitig die Verbindung zum Außenraum darstellen. Das einfallende Tageslicht lässt den Innenraum funkeln und verwandelt ihn so in einen Ort des Zaubers, der Magie, an dem die Motive und Symbole der Künstlerin zu eigenem Leben erweckt werden. Die Ausblicke, die die Fenstergitter gewähren, beziehen gleichzeitig den umgebenden Garten in das Kunstwerk ein.

Niki de Saint Phalle lebte während der Ausgestaltung der Grotte bereits aus gesundheitlichen Gründen in San Diego, sodass sie nicht vor Ort arbeiten konnte. Man half sich, indem die Räume mit einem Kunststoff ausgespritzt wurden. Nach dem Trocknen wurde dieser in Stücke zerteilt und zur Ausgestaltung verschickt. Mitarbeiter Niki de Saint Phalles arbeiteten die Mosaike nach den Entwürfen der Künstlerin aus und setzten sie später an Ort und Stelle wieder zusammen.

Bei der kreativen Umsetzung im Unterricht haben die Kinder zunächst die Aufgabe, in Partnerarbeit einen rechteckigen Raum (Schuhkarton) mithilfe von Draht und Pappmaschee in eine Grotte bzw. eine Höhle zu verwandeln. Anhand des Kunstwerkes lernen sie das Mosaik als eine Form der Wandgestaltung kennen und für die eigene Grotte nutzen (nähere Erläuterungen zur Arbeit mit Pappmaschee siehe Unterrichtsbaustein 2.10, Rund um die Schlange). Haben die Kinder im Anschluss an die Mosaikarbeit die Aufgabe, Reliefs zur weiteren Ausgestaltung ihrer Grottenwände zu erstellen, wird noch einmal Bezug genommen auf das Kunstwerk Niki de Saint Phalles. Hier sind es die Lebenszeichen der Künstlerin, die als Reliefs an den Wänden zu sehen sind und den Raum in einen Ort des Glücks und des Lebens verwandeln. Daraus ergibt sich für die Schüler und Schülerinnen die Aufgabe, eigene Symbole für Leben und Glück zu finden und diese kreativ in Form eines Reliefs umzusetzen (zur Reliefgestaltung vgl. Unterrichtsbaustein 2.11, Nikis Welt).

Die Unterrichtsreihe ist den Bereichen *Räumliches* und *Farbiges Gestalten* des Lehrplans Kunst zuzuordnen.

Ziele

Ziel der Unterrichtsreihe:
Auseinandersetzung mit Niki de Saint Phalles Innengestaltung der Grotte (Herrenhäuser Gärten Hannover) zur Umgestaltung eines Schuhkartons in eine Miniaturgrotte/Traumhöhle

- Schulung der Wahrnehmungsfähigkeit in Bezug auf das räumliche Denken beim Bau eines Untergerüstes und der Arbeit mit Pappmaschee
- Erfahrungen sammeln im Umgang mit plastischen Materialien
- Erproben der Gestaltbarkeit von Materialien
- Mosaikgestaltung als künstlerische Technik kennenlernen, erproben und nutzen
- Erweiterung der Wahrnehmungsfähigkeit in Bezug auf Gefühle und Stimmungen, die Farben ausdrücken können
- Entwicklung kreativer Fähigkeiten bei der Gestaltung von Motiven und Mustern
- Erfahrungen im Umgang mit verschiedenen Materialien, Farben, Malwerkzeugen und Malgründen

Mögliche Vorgehensweise

Einstieg

Die Kinder betrachten die Außenansicht des Grottenpavillons der Herrenhäuser Gärten in Hannover (Vorlage) und werden durch den Text „Die Grotte“ (siehe Kopiervorlage) auf diesen magischen Ort eingestimmt. Sie äußern spontane Ideen, wie die Künstlerin Niki de Saint Phalle diesen nüchternen Bau in seinem Inneren in einen Ort des Zaubers verwandelt haben könnte.

Arbeitsphasen

Höhlenbau:

In einer experimentellen Phase erproben die Kinder in Partnerarbeit, das Innere eines Schuhkartons mithilfe von Maschendraht und Klebeband in eine Höhle zu verwandeln. Es empfiehlt sich, den Kindern zugeschnittene Drahtstücke zur Verfügung zu stellen, da er sich schwer schneiden lässt. In einem folgenden Kreisgespräch können Schwierigkeiten besprochen und Anregungen weitergegeben werden. Sind die Kinder zu einer endgültigen Form gelangt, wird dieser Innenraum mit Pappmaschee (Zeitungspapierstreifen und Kleister) ausgekleidet (Anregungen und Tipps zur Arbeit mit Pappmaschee siehe Unterrichtsbaustein 2.10, Rund um die Schlange).

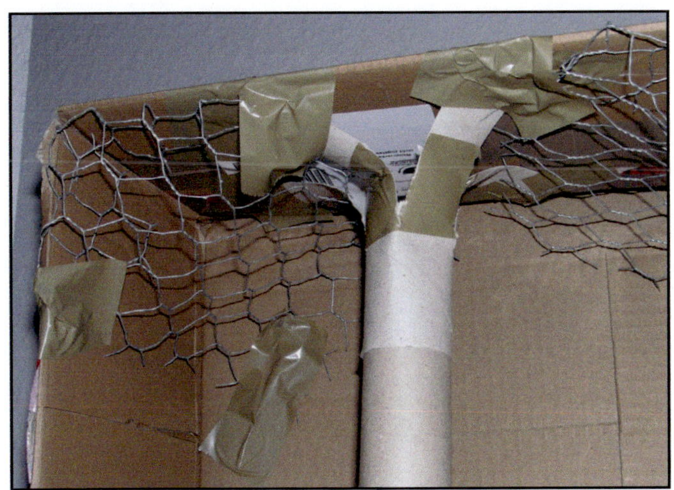

Mosaikgestaltung

Nach einer Trocknungsphase von mindestens einer Woche steht die Innengestaltung im Mittelpunkt des Unterrichts. Die Kinder treffen sich zum Kreisgespräch, während in der Mitte des Sitzkreises verschiedene gesammelte oder zur Verfügung gestellte Glitzerfolien und Verpackungen liegen, die als Impuls zur Innengestaltung der eigenen Höhle dienen können. Die Kinder werden noch einmal an die Aufgabe Niki de Saint Phalles erinnert, das Innere des Grottenpavillons in einen Ort des Zaubers zu verwandeln. (Der letzte Absatz des Textes „Die Grotte“ kann zu diesem Zweck noch einmal gelesen werden.) Die Schülerinnen und Schüler erfahren, dass Niki de Saint Phalle zu diesem Zweck die Mosaikgestaltung wählte und lernen den Begriff „Mosaik“ und seine Bedeutung kennen.

> **Mosaik** (...) ornamentale oder figürliche Flächendekoration, die durch Aneinanderfügen verschiedenfarbiger Körper aus Stein oder Glas hervorgebracht wird. Das M. dient der Dekoration von Fußböden, Wänden und Gewölben (...).[21]

Zum besseren Verständnis betrachten die Kinder die Vorlage „Der Silberne Saal der Grotte“. Für die Ausgestaltung verwenden die Kinder glänzende Folien. Diese können vorher von den Kindern gesammelt werden (Verpackungen, Alufolie etc.), sollten aber auch zusätzlich durch die Lehrkraft bereitgestellt

21 Vgl. Jahn, J./Hauenkreisser, W., 1995, S. 578

werden. Die Folien werden in (nicht zu kleine) Stücke geschnitten und dann mit Alleskleber befestigt.

Es können Muster in unterschiedlichen Farben geklebt werden. Dabei sollte aber darauf geachtet werden, eine Wand einfarbig zu gestalten, um später die Möglichkeit zu haben, Reliefs wirkungsvoll anzubringen. Die Außenwände und der Boden der Grotte können einfarbig bemalt werden.

Reliefgestaltung

Die Arbeitsphase wird eingeleitet durch die Bildbetrachtung der Vorlage (Silberner Saal der Grotte), in der die Kinder Figuren Niki de Saint Phalles entdecken. Ergänzend kann die Vorlage aus dem Unterrichtsbaustein „Rund um die Schlange" betrachtet werden, die ein Schlangenrelief aus der Nähe zeigt, das sich ebenfalls im Silbernen Saal der Grotte in Herrenhausen befindet. Nach einer Beschreibung und ggf. Deutung der Motive ergibt sich die Frage:

> Welche Motive würdest du wählen, um Lebensfreude und Glück darzustellen?

Mit Modelliermasse setzen die Schülerinnen und Schüler ihre Ideen in Form von Halbplastiken um. Nach dem Trocknen werden diese in Farben, die Lebensfreude und Glück symbolisieren, bemalt und an den Wänden der Grotte befestigt.

Präsentation

Während eines Museumsgangs durch den Klassenraum hören die Kinder meditative Musik und betrachten zunächst still die Werke ihrer Mitschüler. Anschließend bietet sich die Gelegenheit, den Mitschülern die eigenen Orte des Zaubers vorzustellen, Fragen zu beantworten und von den eigenen Glückssymbolen zu erzählen. Eine Ausstellung unter dem Motte „Orte des Zaubers" kann auch die Fantasie anderer Kinder der Schule anregen.

Weitere Anregungen

Eine Alternative zum o.g. umfangreichen Projekt stellt die Mosaikgestaltung auf einer Fläche, z.B. einer Pappe, dar. Eigene Glückssymbole können als Relief aus Modelliermasse gefertigt, bemalt und angebracht werden.

Die Grotte
Kinderarbeiten 1

Die Grotte
Kinderarbeiten 2

Die Grotte

Stell dir vor:

In einem großen, prächtigen Schlossgarten steht ganz vergessen eine viele hundert Jahre alte Grotte.

Als das Schloss noch bewohnt war und die Menschen durch diesen Garten spazierten, diente die Grotte als Gartenpavillon, der einer Höhle ähnlich war.

Die Menschen kamen gern in die Grotte, sie spendete Schatten an warmen Tagen.

Man glaubte, dort wohnten einst Nymphen und Waldgeister, ein Ort des Zaubers.

Leider wurden im Krieg das Schloss und Teile der Grotte zerstört. Vor einigen Jahren kam man aber auf die Idee, die Grotte neu zu gestalten.

Niki de Saint Phalle bekam die Aufgabe, diese Grotte wieder in einen Ort des Zaubers zu verwandeln. Die Besucher der Grotte sollten einen schwindelerregenden magischen Ort betreten, der sie zum Staunen bringt.

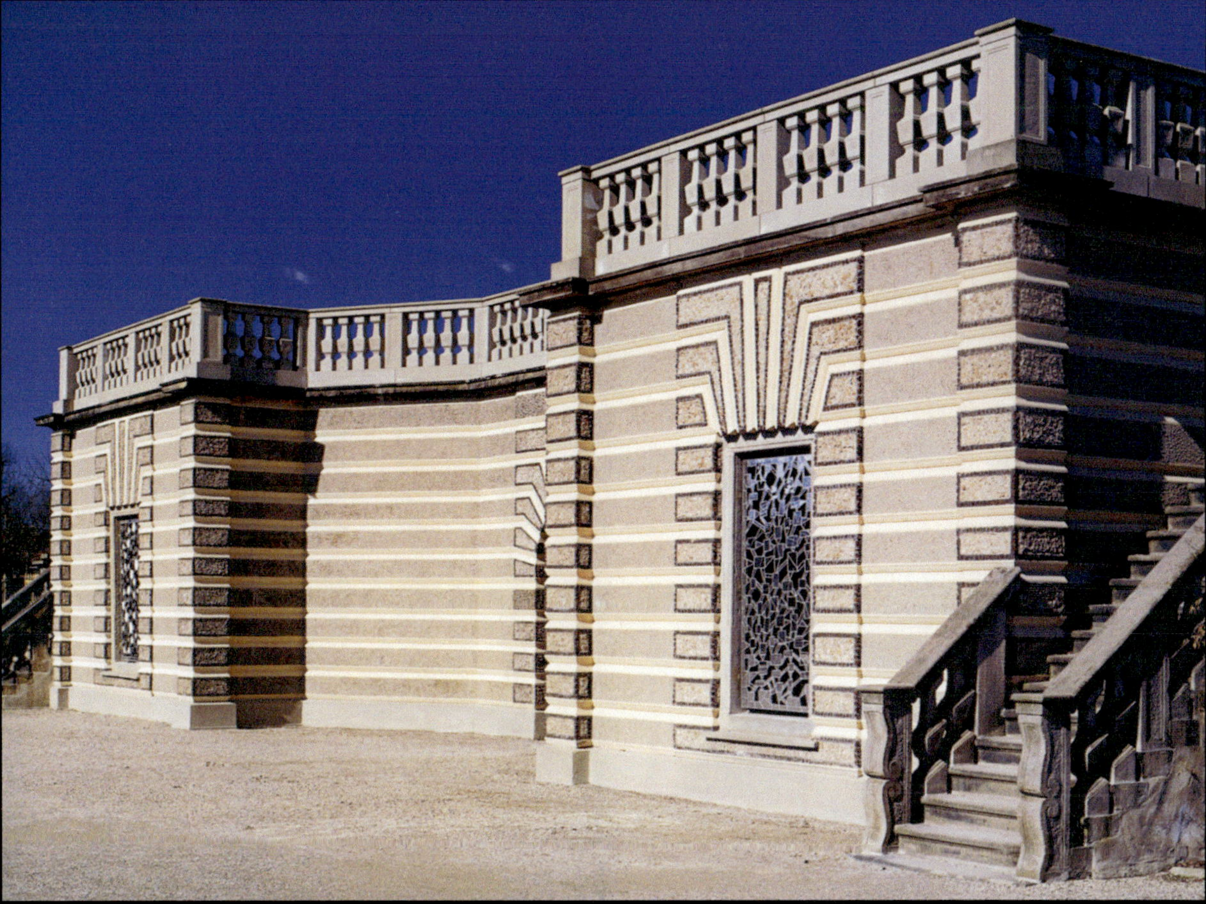

Außenansicht der Grotte in den Herrenhäuser Gärten, Hannover
© 2008 Niki Charitable Art Foundation/ADAGP

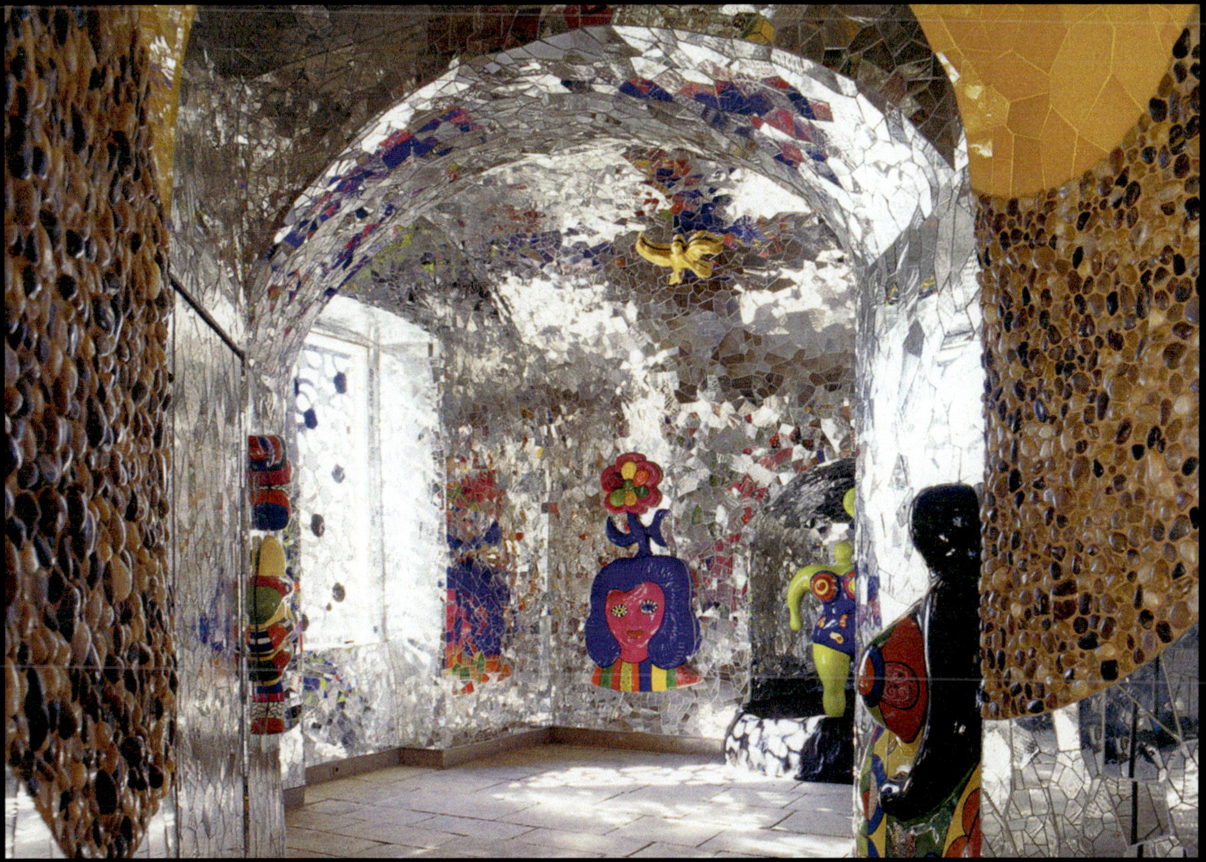

Blick von der Eingangshalle zum funkelnden Silbernen Saal der Grotte in den Herrenhäuser Gärten, Hannover
© 2008 Niki Charitable Art Foundation/ADAGP

2.9 Gestalten mit Schrift

Ein Ausstellungsplakat entsteht

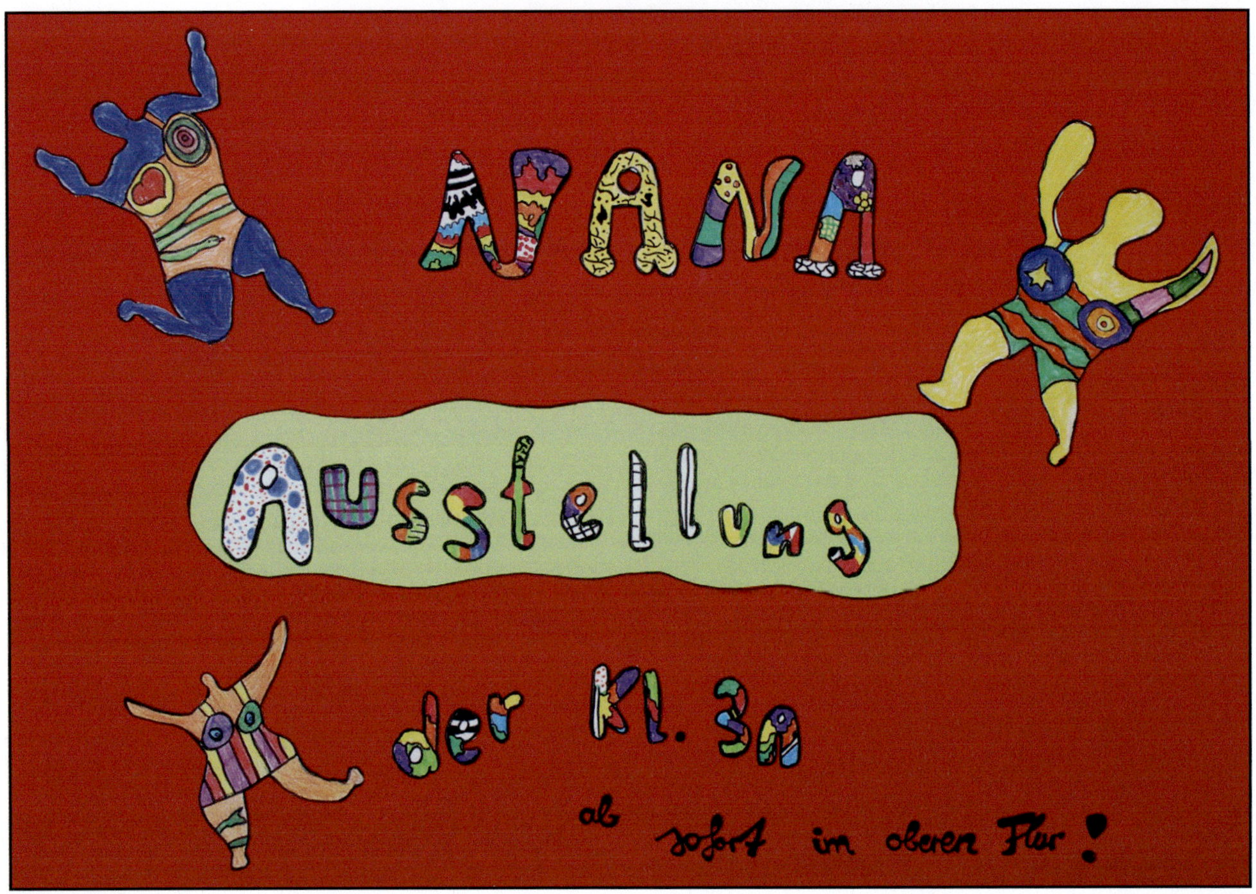

Vorlage

- Niki de Saint Phalle: 18th Montreux Jazz Festival, 1984

Medien

- farbiger Fotokarton oder Tonpapier
- weißes DIN-A3-Papier
- schwarze Filzstifte
- Bunt- und Filzstifte
- Schere
- Klebe

Zeitbedarf – ca. 6 Unterrichtsstunden

Thema und Intention

In den 60er-Jahren gestaltete Niki de Saint Phalle ihre ersten Plakate. Diese Zeit ist gekennzeichnet durch den Wunsch, ihre Kunst jetzt auch nach außen hin, einem breiten Publikum zu präsentieren.

Das Plakat zum Jazzfestival in Montreux aus dem Jahr 1984 ist in dieser Unterrichtsreihe Ausgangspunkt für die Auseinandersetzung mit der Kunstschrift Niki de Saint Phalles: Eine schwarze Nana tanzt beschwingt auf einem strahlend blauen Hintergrund. Musikinstrumente, Noten, Herz, Hand und Skorpion (Sternkreiszeichen der Künstlerin) scheinen sich ebenfalls im Takt der Musik zu bewegen. Auch die Schriftzeile „Montreux Jazz" weist im oberen Teil des Plakates beschwingt auf das Ereignis hin. Jeder einzelne Buchstabe ist durch Muster, Ornamente oder Linien ausgestaltet, während klare und kräftige Farben die Buchstaben deutlich hervorheben.

Beschäftigen sich die Kinder im Unterricht mit der Kunstschrift Niki de Saint Phalles können sich unterschiedliche Möglichkeiten zur kreativen Umsetzung ergeben: Die Kinder können mit den Buchstaben ihrer Namen „spielen", Briefe, Postkarten und Einladungen gestalten, aber auch selbst ein Plakat herstellen. Die Bildbetrachtung kann letztlich auch Ausgangspunkt sein, um eine eigene Kunstschrift zu entwickeln.

In dem folgenden Unterrichtsvorschlag gestalten die Kinder ein Plakat, um auf eine Ausstellung ihrer Werke zum Thema Niki de Saint Phalle aufmerksam zu machen. Zu diesem Anlass bietet es sich an, die Schrift der Künstlerin aufzugreifen, mit ihren Gestaltungsmerkmalen zu experimentieren und diese für die eigenen Plakate zu nutzen.

Ein Plakat wirkt auf den Betrachter durch Bild und Text. Der Betrachter begegnet einem Plakat unfreiwillig. Besitzt es eine Anziehungskraft, wird seine Aufmerksamkeit gefesselt und so eine Auseinandersetzung mit dem Inhalt ermöglicht. Um diese Anziehungskraft zu erreichen, müssen bei der Herstellung von Plakaten bestimmte Kriterien beachtet werden: Da die Betrachtung eines Plakates oft nur wenige Augenblicke dauert, muss die inhaltliche Aussage auf den ersten Blick deutlich sein. Eine besondere Farbigkeit, interessante und ansprechende Bildelemente oder ein fantasievoll gestalteter Schriftzug können diese notwendige Anziehungskraft erzeugen. Auf den zweiten Blick muss ein Plakat alle notwendigen Informationen enthalten, die gut lesbar, von Weitem sichtbar sind und eine schnell verständliche Aussage transportieren. Diese gestalterischen Mittel sollten den Kindern bei der eigenen Plakatgestaltung bewusst sein. Hier bietet sich eine Kooperation mit dem Fach Deutsch an.

Die Unterrichtsreihe ist den Bereichen *Grafisches* und *Farbiges Gestalten* des Lehrplans Kunst zuzuordnen.

Ziele

Ziel der Unterrichtsreihe:
Auseinandersetzung mit der „Kunstschrift" Niki de Saint Phalles als Anregung zur eigenen Gestaltung mit Schrift

- Mit Schrift gestalten
- Farben bewusst einsetzen und ihre Wirkung und Wechselwirkung beobachten
- Wirkung der Bildzeichen bewusst anwenden
- Wirkung gestalterischer Mittel wahrnehmen, analysieren und versprachlichen

Mögliche Vorgehensweise

Bildbetrachtung

Haben die Kinder bereits zu Niki de Saint Phalle gearbeitet, könnte eine Ausstellung ihrer Werke zum Anlass genommen werden, in einer Unterrichtsreihe entsprechende Plakate zu gestalten.

Als Einstieg erfolgt die Bildbetrachtung der Vorlage. Die Kinder äußern sich zunächst spontan zum Plakat der Künstlerin. Der Begriff „Jazz Festival in Montreux" ist den Kindern unbekannt; sie erfahren, dass es sich dabei um ein jährlich stattfindendes, weltweit renomiertes Musikfestival in der schweizerischen Stadt Montreux handelt. Die Kinder sehen in diesem Plakat, dass der Anlass, zu dem es erstellt wurde, auch in die Gestaltung der Bildteile und der Schrift einfließen kann. Alle Bildelemente, einschließlich der Buchstaben, scheinen in diesem Plakat in Bewegung zu sein und zur Musik zu tanzen. In den Bildelementen erkennen die Kinder die tanzende Nana, Musikinstrumente und Noten, Hand und Herz sowie Nikis Tierkreiszeichen, den Skorpion. Intensiver betrachtet werden die Schriftzeichen: Hier sind schwungvoll angeordnete, weich abgerundete Formen zu erkennen, gestaltet in bunter Farbigkeit mit Mustern und Ornamenten verziert.

Aus der Bildbetrachtung ergeben sich die Gestaltungskriterien der Kinder für ihre eigenen Plakattexte:

Äußere Buchstabenform

- Hohlbuchstaben mit großer Innenfläche
- gerundete Formen
- lesbare Buchstabenform

Innere Buchstabengestaltung

- kräftige, klare Farbflächen
- Ornamente und Muster
  - bunt
  - schwarz/weiß

Experimente mit Nikis Schrift

Bevor die Kinder mit der Plakatgestaltung beginnen, ist eine Experimentierphase nötig, da die Aufgabe verschiedene Schwierigkeiten beinhaltet: Die Kinder sollten zunächst probieren, Hohlbuchstaben zu zeichnen, die groß genug sind, um eine Innengestaltung zu ermöglichen. Fällt es ihnen schwer, Abstand von der gelernten Druck- oder Schreibschrift zu nehmen und Buchstaben kreativ zu verändern, könnte eine Betrachtung verschiedener Schrifttypen (z. B. am Computer) hilfreich sein. Die Buchstabenform wiederum muss in den wesentlichen Zügen noch gut erkennbar und lesbar sein.

Ein Plakat entsteht

Für die anschließende Plakatgestaltung bieten sich Partner- oder Kleingruppenarbeit an. Die Kinder beschließen gemeinsam die Inhalte, Bild- und Textelemente ihrer Ausstellungsplakate und zeichnen erste Entwürfe. Dabei müssen ihnen die Kriterien für ein gutes Plakat bewusst sein, die in einem Kreisgespräch erarbeitet werden können (siehe Kopiervorlage). Haben sich die Kinder auf einen ihrer Entwürfe geeinigt, werden die Aufgaben innerhalb der Gruppe verteilt:

- Wer gestaltet welche Textstelle?
- Wer malt/zeichnet Bildelemente?

Die Kinder zeichnen Texte und Bilder auf weißem DIN-A3-Papier, die anschließend ausgeschnitten und aufgeklebt werden. Als Plakathintergrund wählen sie einen farbigen Fotokarton. Bei der Buchstabenausgestaltung mit Bunt- oder Filzstiften müssen sie dementsprechend auf den Kontrast zur Hintergrundfarbe achten.

Bei der Gestaltung der Schrift stellt die Beachtung der Größenverhältnisse eine besondere Schwierigkeit dar:

Größenverhältnisse
- einzelner Buchstaben in einem Wort
- Wörter innerhalb eines Textes
- Texte und Bilder auf dem Plakat

Veröffentlichung

Plakate brauchen einen Anschlag. Ort, Zeitpunkt etc. sind abhängig vom Anlass und der Zielgruppe. Die Plakate zur Niki-Ausstellung der Kinder laden vor allem im Eingangsbereich der Schule Kinder und Eltern zum Besuch ein.

Ein Plakat, das neugierig macht

- Leuchtende Farben
- Interessante Bilder
- Gestaltete Schrift
- Gute Anordnung von Bild und Text

locken den Leser

- Wichtigste Info groß
  - Was passiert?
- Weitere Infos kleiner
  - Wann?
  - Wo?
  - ...

informieren den Leser

Achte auf die Größe der Buchstaben!

Alles muss zusammenpassen!

Niki de Saint Phalle: Plakat: 18th Montreux Jazz Festival, 1984

2.10 Rund um die Schlange

Gestaltung einer Schlange aus Pappmaschee

Vorlage

- Niki de Saint Phalle: Schlangenrelief im Silbernen Saal des Grottenpavillons (Herrenhäuser Gärten in Hannover), 2003

Medien

- Maschendraht
- Zeitungspapier
- Kleister
- Paketklebeband
- Entwurfspapier, Bleistift
- Abtönfarbe (leuchtende Farben zzgl. Schwarz, Weiß)
- Pinsel
- schwarzer Filzstift
- ggf. Klarlack

Zeitbedarf – ca. 8–10 Unterrichtsstunden

Thema und Intention

Die Kinder gestalten in dieser Unterrichtsreihe eine Schlange aus Pappmaschee. Die Schlange findet sich im Werk Niki de Saint Phalles als immer wiederkehrendes Motiv. Schlangen erscheinen in Reliefs der Künstlerin, zieren den Flakon ihres selbst kreierten Parfums, winden sich im Tarot-Garten in der Toskana an Säulen entlang oder sind Teil der entworfenen Möbelstücke. Die Schlange hatte für Niki de Saint Phalle Symbolcharakter:

> *„Die Symbolik der Schlange ist äußerst komplex und universell. Sie kann männlich, weiblich oder zweigeschlechtlich sein, sie ist rätselhaft, intuitiv und geheimnisvoll, sie ist unberechenbar und von potentieller Energie. Sie tötet und steht somit für Tod und Zerstörung, aber ihre Häutung symbolisiert Auferstehung und Wiedergeburt. (…) Es gelingt ihr [Niki de Saint Phalle] an den weit gespannten Bogen der Schlangensymbolik zu glauben, sie erkennt in ihnen eine kosmische Macht und so geht von ihnen keine allzu große Bedrohung aus."*[22]

Die Vorlage stellt eine Schlange Niki de Saint Phalles dar, die als Relief im Silbernen Saal des Gartenpavillons der Herrenhäuser Gärten

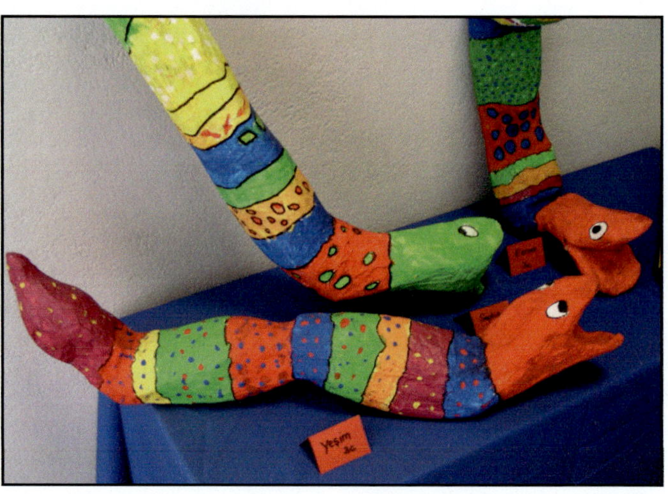

in Hannover zu finden ist. Es handelt sich dabei um eine Schlange in stilisierter Form und ungewöhnlicher Farbigkeit, wie sie für die Gestaltung Niki de Saint Phalles typisch ist. Der Schlangenkörper ist in unterschiedlich gemusterte, kräftig bunte Abschnitte unterteilt. Die Farbflächen werden wie in den meisten Werken der Künstlerin durch schwarze Linien voneinander getrennt. Durch die vereinfachte Art der Darstellung scheint die Schlange ihren Schrecken zu verlieren und wirkt auf Kinder ansprechend und freundlich. Dennoch bleiben Kraft und Energie spürbar.

Aufgabe der Kinder ist es, zunächst ein Grundgerüst der Schlange zu formen. Als Materialien eignen sich Maschendraht in Verbindung mit Zeitungspapier und Paketklebeband. Anschließend wird das Gerüst mit Papier und Kleister ummantelt und nach dem Trocknungsprozess bemalt. Es ist sinnvoll, die Kinder aller Jahrgangsstufen regelmäßig mit Pappmaschee arbeiten zu lassen, da es eine relativ einfache und kostengünstige Möglichkeit des dreidimensionalen plastischen Gestaltens darstellt und die räumliche Wahrnehmung und das räumliche Denken der Kinder fördert.

Die Gestaltung einer Schlange aus Pappmaschee ist den Bereichen *Räumliches* und *Farbiges Gestalten* des Lehrplans Kunst zuzuordnen.

22 Becker, M., 2005, S. 187 f.

Ziele

Ziel der Unterrichtsreihe:
Auseinandersetzung mit einer Form des plastischen Werkes der Künstlerin Niki de Saint Phalle durch die Gestaltung einer Schlange aus Pappmaschee

- Schulung der Wahrnehmungsfähigkeit in Bezug auf das räumliche Denken beim Bau eines Untergerüstes und der Arbeit mit Pappmaschee
- Erfahrungen im Umgang mit plastischen Materialien
- Erproben der Gestaltbarkeit von Materialien
- Entwicklung kreativer Fähigkeiten bei der Erfindung eigener Muster und farbiger Gestaltung
- Erfahrungen im Umgang mit Farben, Malwerkzeugen und Malgründen

Mögliche Vorgehensweise

Einstieg

Als Einstieg in die Unterrichtsreihe kann ein Foto einer Schlange als stummer Impuls dienen. Im Gespräch werden Assoziationen zur Abbildung, z. B. giftig, gefährlich, schlängelt sich, zischt, kriecht …, genannt. Erfolgt im Anschluss daran der Vergleich mit der Schlangendarstellung Niki de Saint Phalles (siehe Vorlage) ergibt sich für die Kinder ein erster Impuls, der zu einer intensiven Bildbetrachtung führt:

Wie stellt die Künstlerin Niki de Saint Phalle ihre Schlange dar?

Die Kinder beschreiben daraufhin detailliert die Form der Schlange, die verwendeten Farben und Muster sowie die Wirkung der Schlange. Daraus ergeben sich die Gestaltungskriterien für die Aufgabe der Kinder, selbst eine fantasievolle Schlange zu erstellen:

- Formen eines Schlangenkörpers mit möglichst glatter Oberfläche aus Pappmaschee

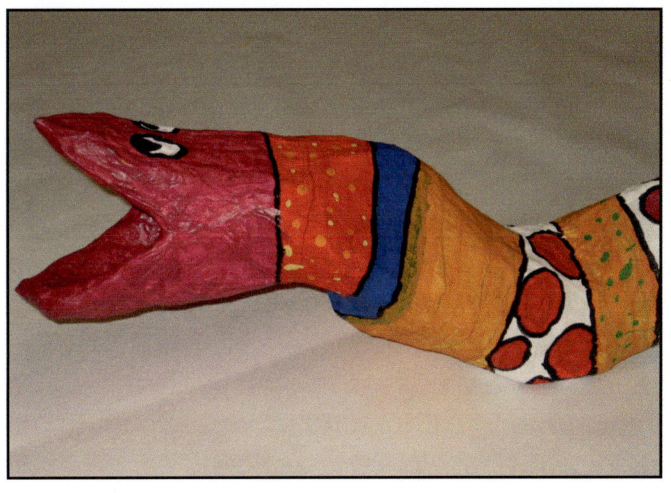

- Farbige Gestaltung in leuchtend, kräftigen Farben und Mustern, angeregt durch die Formen und Farben der Künstlerin.

Organisation

Bevor die Kinder mit der Arbeit an ihren Schlangen beginnen können, sollten einige Vorbereitungen getroffen werden, damit ein reibungsloser Ablauf gewährleistet ist:

- Maschendraht ist schwer zu schneiden und sollte deshalb von der Lehrkraft selbst in passende Stücke geschnitten werden, mit denen die Kinder arbeiten können.
- Für jeden Gruppentisch sollte ein Kleistertopf vorbereitet sein. Dazu eignen sich Joghurt- oder Eiscremetöpfe, die später fest verschlossen und gestapelt werden können.
- Die Tische sollten vollständig mit Folie abgedeckt werden. Eine günstige Variante bieten auseinandergeschnittene Müllsäcke (am Tisch befestigt).

Der Körper aus Maschendraht

Der Draht muss zunächst von den Schülerinnen und Schülern in eine runde Form gebracht werden. Dies ist nicht ganz einfach und erfordert Geschicklichkeit, ggf. die Hilfestellung der Lehrerin. Die Ausgestaltung in schlängelnde Bewegungen und das Formen des Kopfes mit geöffnetem Maul und Augen stellen Differenzierungen dar.

Existiert ein Grundgerüst aus Maschendraht, wird es mit Zeitungspapier umwickelt, das mit Paketklebeband befestigt wird. So entsteht eine Grundform, die sich leicht mit Pappmaschee ummanteln lässt.

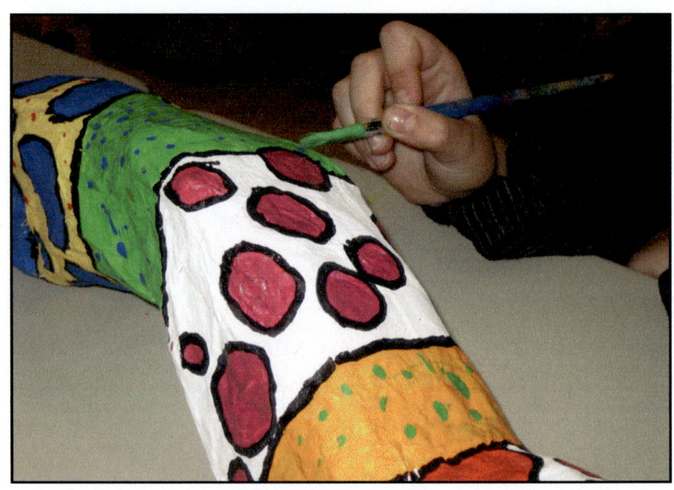

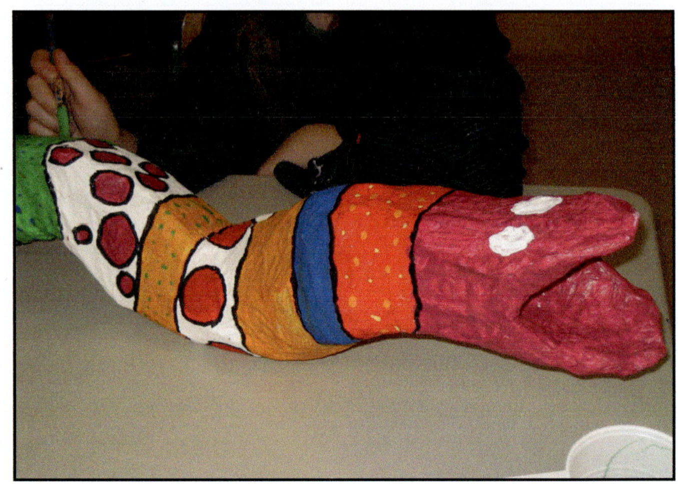

Arbeit mit Pappmaschee

Vor der Arbeit mit Pappmaschee reißen die Kinder Zeitungspapier in Streifen. Es müssen reichlich Papierstreifen vorbereitet werden, damit die Kinder das spätere Einkleistern nicht unterbrechen müssen. Dabei können sie verschiedene Reißrichtungen des Zeitungspapiers erproben, um zur einfachsten Variante zu gelangen. Die Kinder tauchen nun die Papierstreifen in Kleister und streichen diese auf dem Schlangenkörper glatt. Es ist ratsam, von Anfang an auf einen möglichst glatten Auftrag zu achten, da es im Nachhinein schwierig ist, Unebenheiten auszugleichen. Auch die spätere Bemalung fällt auf einer glatten Fläche leichter und kommt besser zur Geltung. Die Figuren sollten drei bis vier Schichten Zeitungspapier erhalten, um später genügend Stabilität aufzuweisen. Je nach Anzahl der Schichten müssen die Schlangenkörper einige Tage trocknen und sollten dabei gelegentlich gedreht werden.

Bemalung

Die erfundenen Muster, mit denen die Schlangenkörper gestaltet werden, können vorab als Entwurf auf Papier erprobt werden. Die beiliegende Kopiervorlage kann dabei behilflich sein. Zeichnen und Malen die Kinder gewünschte Muster zuvor auf Papier, fällt es ihnen leichter zu entscheiden, welche Muster sie mit Abtönfarbe und Pinsel umsetzen können. Es empfiehlt sich eine Einteilung der Schlange in einzelne Abschnitte, wie es die Kinder von der Schlange Niki de Saint Phalles aus der Bildbetrachtung kennen. So können die Kinder unterschiedliche Muster und Farbflächen gestalten.

Um die Farben optimal zur Geltung zu bringen, sollten die Schlangenkörper zunächst mit weißer Abtönfarbe grundiert werden. Nachdem diese Grundierung getrocknet ist, können die Kinder mit der farbigen Gestaltung beginnen. Es kann ihnen freigestellt werden, ob sie Abschnitte oder schwierige Muster und Ornamente auf dem Schlangenkörper mit Bleistift einzeichnen, bevor sie mit der farbigen Ausgestaltung beginnen.

Niki de Saint Phalle hat Farbflächen und Muster mit schwarzen Linien voneinander getrennt. Diese Aufgabe stellt für viele Kinder eine große Herausforderung dar, verwenden sie dazu schwarze Abtönfarbe und einen dünnen Pinsel. Einfacher und besser gelingt die Trennung der einzelnen Flächen, wenn ein dicker schwarzer Filzstift verwendet wird. Eine abschließende farblose Lackierung der Schlangen intensiviert ihre Farbwirkung.

Rund um die Schlange

1. Drahtgerüst in Schlangenform
   - spitz zulaufend
   - Kopf, Maul geöffnet
   - Zeitungspapier als erste Hülle (mit Paketklebeband befestigen)
2. Ummantelung mit Zeitung und Kleister
   - viele Zeitungsstreifen reißen
   - mit Kleister auf das Gerüst kleben
3. Bemalung
   - weiße Grundierung auftragen
   - Entwurf anfertigen
   - Muster übertragen und bemalen
   - Flächen mit schwarzem Filzstift abgrenzen
   - lackieren

Mögliches Plakat/Tafelbild: Arbeitsschritte zur Herstellung einer Schlange aus Pappmaschee

Schlange (Umriss)

Schlangenrelief im Silbernen Saal der Grotte in den Herrenhäuser Gärten, Hannover

2.11 Nikis Welt

Gestaltung eines Reliefs

Gemeinschaftsarbeit eines 4. Schuljahres

Vorlage

- Niki de Saint Phalle: Last Night I Had A Dream, 1968

Medien

- Entwurfspapier, Bleistift
- Modelliermasse (z. B. lufttrocknend, weiß: 3 kg auf 25 Kinder verteilt)
- Zahnstocher
- Abtönfarbe (kräftige Farben)
- Pinsel, insbesondere feine Pinsel
- evtl. Lack (klar)
- schwarzer Filzstift
- Spanplatte (50 × 70 cm), schwarz grundiert
- Heißkleber

Zeitbedarf – ca. 4–5 Unterrichtsstunden

Thema und Intention

Ausgehend von dem Relief „Last Night I Had A Dream“ gestalten die Kinder eine Gemeinschaftsarbeit mit dem Titel „Nikis Welt“. Das Relief Niki de Saint Phalles entstand 1968.

Auf schwarzem Hintergrund schweben scheinbar schwerelos kräftig bunte, fröhliche Figuren in der typischen Farben- und Formensprache Niki de Saint Phalles. Nanas, Schlangen, Himmelskörper, Herzen und Fantasietiere treten auf und füllen die schwarze Fläche mit Lebendigkeit und Lebensfreude.

Im Zentrum des Reliefs ist ein Paar angeordnet, im unteren Bereich zwei Figuren, die miteinander baden, umgeben von Symbolen, die Verführung, Wärme, Fruchtbarkeit und Liebe darstellen (Herz, Sonne, Schlange, Nanas) – ein Traum von Glück, Liebe, Zweisamkeit und Nähe. Insbesondere die Nanas, voluminöse bunt bemalte Frauengestalten stehen im Werk der Künstlerin für Lebensfreude, Vitalität und ausgelassene Heiterkeit (vgl. Unterrichtsbaustein 2.4, Nikis Nanas). Die Nanas treten in diesem Relief in unterschiedlichen Darstellun-

> **Relief** (frz. „erhabene Arbeit“, nach ital. Relievo, (...)), Form der Bildhauerkunst, bei der die Figuren aus einer Fläche hervortreten, an die sie gebunden sind. Je nach dem Grade dieses Hervortretens unterscheidet man Flachrelief (...), Halbrelief oder Hochrelief.(...)[23]

23 Vgl. Jahn, J./Hauenkreisser, W., 1995, S. 207

gen auf – die Figur am rechten unteren Bildrand ist reduziert auf die weiblichen Rundungen einer Schwangeren, während die Frau unten links mit beiden Beinen im Leben zu stehen scheint und auf ihren starken Schultern scheinbar viele Lasten tragen kann. Weitere Nanas schweben wie schwerelos tanzend im oberen Teil des Werkes.

Die Kinder finden in diesem Relief zahlreiche typische Motive der Künstlerin, mit denen sie sich in dieser Unterrichtsreihe beschäftigen. Sie modellieren Nanas, Herzen, Blumen, Schlangen etc., um „Nikis Welt“ in einem Relief darzustellen. Dabei geht es nicht um die Nachbildung einer bestimmten Figur aus dem Relief der Künstlerin, sondern um die kreative Arbeit an den Motiven Niki de Saint Phalles unter Beachtung bestimmter Gestaltungsmerkmale: Jedes Kind gestaltet in der für Niki de Saint Phalle typischen Formen- und Farbensprache einen Teil des Reliefs; einfache, weiche und gerundete Formen sowie leuchtende, klare Farben stellen damit die wesentlichen Gestaltungsmerkmale dar. Fantasievolle und vielfältige Muster, durch schwarze Linien begrenzt, werden zur Ausgestaltung der Figuren genutzt.

„Ich liebe das Runde,
ich liebe das Runde, die Kurven, die Wellen.
Die Welt ist rund, die Welt ist eine Brust.
Rechte Winkel mag ich nicht.
Rechte Winkel machen mir Angst.
Der rechte Winkel will mich umbringen.
Der rechte Winkel ist ein Messer.
Der rechte Winkel ist die Hölle.
Symmetrie mag ich nicht.
Ich mag das Unvollkommene.
Meine Kreise sind nie ganz rund.
Ich will es so.
Perfektion ist kalt.
Das Unvollkommene gibt Leben.
Ich liebe das Leben.“[24]

Die Gestaltung eines Reliefs ermöglicht den Kindern wichtige Erfahrungen im Bereich des plastischen Gestaltens zu machen. Während sie beim dreidimensionalen Arbeiten statische Probleme bewältigen müssen, können sie hier Erfahrungen im Umgang mit formbarem Material auf der Fläche sammeln.

Die Unterrichtsreihe ist den Bereichen *Räumliches* und *Farbiges Gestalten* des Lehrplans Kunst zuzuordnen.

Ziele

Ziel der Unterrichtsreihe:
Auseinandersetzung mit einem Relief der Künstlerin Niki de Saint Phalle durch die Gestaltung einer Halbplastik aus Modelliermasse als Teil einer Gemeinschaftsarbeit

- Entwicklung kreativer Fähigkeiten beim Entwurf einer Halbplastik und deren Umsetzung
- Experimenteller und gezielter Umgang mit formbarem Material
- Erproben technischer Hilfsmittel beim Modellieren
- Erfahrungen im Umgang mit Farben, Malwerkzeugen und Malgründen

Mögliche Vorgehensweise

Einstieg

Als Einstieg in diese Unterrichtsreihe dienen das Kunstwerk (siehe Vorlage) und dessen Titel „Last Night I Had A Dream“. Die Kinder sollten zu diesem Zeitpunkt jedoch einige Kunstwerke Niki de Saint Phalles gesehen haben. Es empfiehlt sich deshalb, vorab die Biografie der Künstlerin anhand des Künstler-Leporellos zu erarbeiten (siehe Kopiervorlage) oder gemeinsam einige ihrer Werke zu betrachten, sodass die Kinder bereits eine Vorstellung von der Formen- und Farbensprache der Künstlerin haben.

Bildbetrachtung

Die Kinder betrachten das Kunstwerk „Last Night I Had A Dream“ und erhalten den Titel des Werkes mit dem folgenden Impuls:

24 Niki de Saint Phalle. In: Reinhardt, B., 1999, S. 38

Niki träumt, erzähle ihren Traum!

Die Kinder versuchen zu beschreiben, wovon Niki träumen könnte. Es werden Motive genannt und Assoziationen zu Gefühlen entwickelt:

- Welche Träume könnten sich hinter einem Herz verbergen?
- Was könnte die Sonne bedeuten?
- Wofür könnten die bunten Nanas stehen?

Nachdem die Kinder die für Niki de Saint Phalle typischen Motive genannt und deren Bedeutung vermutet haben, entscheiden sie sich für ein Motiv, das sie für eine Gemeinschaftsarbeit zum Thema „Nikis Welt" selbst gestalten wollen.

Gestaltungsphase

Die Kinder zeichnen zunächst Entwürfe ihres Motives. Eine gute Übung zur Vorbereitung des plastischen Gestaltens mit Modelliermasse stellt das Erproben im Sand (zum Beispiel Sandkiste oder Sandgrube auf dem Schulhof) dar. Die Sandreliefs können immer wieder verworfen und verändert, aber letztlich auch fotografiert, und für die weitere Gestaltung mit Modelliermasse genutzt werden.

Eine einfache Handhabung stellt die Arbeit mit weißer Modelliermasse dar, die an der Luft trocknet und gut formbar ist. Diese ist jedoch recht teuer, sodass die Größe der Figuren damit eingeschränkt wird. Jedes Kind gestaltet nach seinem Entwurf eine Halbplastik, wobei sich eine Differenzierung schon bei der Auswahl des Motives ergibt: Ein Herz stellt einen wesentlich geringeren Anspruch dar als das Modellieren einer Nana, bei dem auf die typischen Proportionen geachtet werden muss. Für Einkerbungen, Muster etc. können die Kinder Zahnstocher benutzen.

Nachdem die Figuren getrocknet sind (dieser Vorgang dauert mehrere Tage, wobei sie hin und wieder gewendet werden sollten), erfolgt die farbige Gestaltung der Objekte. Dazu eignen sich Abtönfarben und verschieden breite Pinsel. Nach der Bemalung erfolgt die Abgrenzung der Flächen und Muster, die für Niki de Saint Phalle typisch ist, mit einem schwarzen Filzstift. Die Figuren wirken intensiver, wenn sie abschließend lackiert werden.

Ein Gemeinschaftsprodukt entsteht

Es stellt eine besondere Aufgabe dar, die fertigen Figuren auf der Fläche anzuordnen. Jedes Kind möchte seine Figur an exponierter Stelle sehen. Überlegungen zur Platzierung auf der Fläche können zu einem allgemeinen Gespräch über die Anordnung bildnerischer Elemente führen.

Die Erprobung macht deutlich, dass die Wirkung einzelner Bildelemente von der Umgebung mitbestimmt wird. Wenn das Gemeinschaftswerk im Schulflur gezeigt wird, bietet es für die Klasse eine gute Möglichkeit, sich als Gemeinschaft zu präsentieren und anderen Kindern von der Arbeit, von den Motiven der Künstlerin und ihrer möglichen Bedeutung zu erzählen.

Niki de Saint Phalle: Last Night I Had A Dream, 1968 (Ausschnitt)

3 Anhang

3.1 Literatur

Becker, Monika: Niki de Saint Phalle – Starke Weiblichkeit entfesseln. Die Biographie. Berlin: Ullstein Buchverlage GmbH 2005.

Cardenas, Bloum u. a.: Niki & Jean. L'art et l'amour. München: Prestel Verlag 2005.

Grünewald, Dietrich: Plastisches Gestalten im Kunstunterricht. In: Kunst+Unterricht 248/ 2000. S. 4–8.

Jahn, Johannes/Hauenkreisser, Wolfgang: Wörterbuch der Kunst. 12. erw. Aufl. Stuttgart: Körner 1995.

Kirchner, Constanze (Hrsg.): Kunstunterricht in der Grundschule. Berlin: Cornelsen 2007.

Krempel, Ulrich: Abenteuer Kunst: Nikis Welt – Niki de Saint Phalle. München: Prestel Verlag 2003.

Krempel, Ulrich (Hg.): La Fete – Die Schenkung Niki de Saint Phalle. Werke aus den Jahren 1952–2001. Ostfildern-Ruit: Hatje Cantz Verlag 2001.

Kunst- und Ausstellungshalle der Bundesrepublik Deutschland/Hulten, Pontus: Niki de Saint Phalle. Neuaufl. Ostfildern-Ruit: Hatje Cantz Verlag 1995.

Landeshauptstadt Hannover, Fachbereich Umwelt und Stadtgrün/Sprengel Museum Hannover (Hrsg.): Niki de Saint Phalle – La Grotte. Ostfildern-Ruit: Hatje Cantz Verlag 2003.

Niki de Saint Phalle. Der Tarotgarten. Bern und Zürich: Benteli Verlag 2000.

Niki de Saint Phalle. Harry and me – 1950–1960. Die Familienjahre. Bern und Zürich: NCAF und Benteli Verlag 2006.

Niki de Saint Phalle/Michel de Grece/Pontus Hulten: Monographie. Bilder. Schießbilder, Assemblagen, Reliefs. 1949–2000. Bern: Benteli Verlag 2001.

Niki de Saint Phalle. Traces – Eine Autobiographie. Remembering 1930–1949. Lausanne: Acatos Verlag 2000.

Niki de Saint Phalle/Jean Tinguely/Isabel Siben: Niki und Jean: Posters. München: Prestel Verlag 2005.

Reinhardt, Brigitte (Hrsg.): Niki de Saint Phalle: Liebe – Protest – Phantasie. Ausstellungskatalog der Kunsthalle Emden 2000.

Schulz-Hoffmann, Carla: Niki de Saint Phalle. Bilder – Figuren – Phantastische Gärten. München: Prestel Verlag 1987.

Staudte, Adelheid (Hrsg.): Ästhetisches Lernen auf neuen Wegen. Weinheim: Beltz 1993.

3.2 Film und Internetadressen

Film

Niki de Saint Phalle. Wer ist das Monster – du oder ich? Ein Peter Schamoni Film

Internetadressen

www.nikidesaintphalle.com
www.bad-bad.de/burda-museum/saint_phalle.htm
www.kindernetz.de/infonetz/thema/starkefrauen
de.wikipedia.org/wiki/Niki_de_Saint_Phalle
www.fembio.org/biographie.php/frau/biographie/niki-de-saint-phalle/

3.3 Fotonachweis

S. 22: Photographic Credits Archives NdSP, La Jolla CA; S. 28: Laurent Condominas; S. 33 (2): Leonardo Bezzola, Bätterkinden ; S. 34: Laurent Condominas; S. 39: Andrè Morain; S. 40: Galerie Alexandre Iolas, Paris; S. 48: Laurent Condominas; S. 56: Michael Herling, Sprengel Museum, Hannover; S. 69: Aline Gwose/Michael Herling; S. 75: Maria Thrun, Hamburg/Druck: A. Uldry, Bern; S. 81: Aline Gwose/Michael Herling; S. 86: Laurent Condominas

4 Platz für eigene Ideen